轻与重
FESTINA LENTE

姜丹丹 主编

经济神话学

[法] 埃卢瓦·洛朗 著 王晶 蔡德馨 译

Éloi Laurent
Nos mythologies économiques
Nouvelles mythologies économiques

华东师范大学出版社

华东师范大学出版社六点分社　策划

主 编 的 话

1

时下距京师同文馆设立推动西学东渐之兴起已有一百五十载。百余年来,尤其是近三十年,西学移译林林总总,汗牛充栋,累积了一代又一代中国学人从西方寻找出路的理想,以至当下中国人提出问题、关注问题、思考问题的进路和理路深受各种各样的西学所规定,而由此引发的新问题也往往被归咎于西方的影响。处在21世纪中西文化交流的新情境里,如何在译介西学时作出新的选择,又如何以新的思想姿态回应,成为我们必须重新思考的一个严峻问题。

2

自晚清以来，中国一代又一代知识分子一直面临着现代性的冲击所带来的种种尖锐的提问：传统是否构成现代化进程的障碍？在中西古今的碰撞与磨合中，重构中华文化的身份与主体性如何得以实现？"五四"新文化运动带来的"中西、古今"的对立倾向能否彻底扭转？在历经沧桑之后，当下的中国经济崛起，如何重新激发中华文化生生不息的活力？在对现代性的批判与反思中，当代西方文明形态的理想模式一再经历祛魅，西方对中国的意义已然发生结构性的改变。但问题是：以何种态度应答这一改变？

中华文化的复兴，召唤对新时代所提出的精神挑战的深刻自觉，与此同时，也需要在更广阔、更细致的层面上展开文化的互动，在更深入、更充盈的跨文化思考中重建经典，既包括对古典的历史文化资源的梳理与考察，也包含对已成为古典的"现代经典"的体认与奠定。

面对种种历史危机与社会转型,欧洲学人选择一次又一次地重新解读欧洲的经典,既谦卑地尊重历史文化的真理内涵,又有抱负地重新连结文明的精神巨链,从当代问题出发,进行批判性重建。这种重新出发和叩问的勇气,值得借鉴。

3

一只螃蟹,一只蝴蝶,铸型了古罗马皇帝奥古斯都的一枚金币图案,象征一个明君应具备的双重品质,演绎了奥古斯都的座右铭:"FESTINA LENTE"(慢慢地,快进)。我们化用为"轻与重"文丛的图标,旨在传递这种悠远的隐喻:轻与重,或曰:快与慢。

轻,则快,隐喻思想灵动自由;重,则慢,象征诗意栖息大地。蝴蝶之轻灵,宛如对思想芬芳的追逐,朝圣"空气的神灵";螃蟹之沉稳,恰似对文化土壤的立足,依托"土地的重量"。

在文艺复兴时期的人文主义那里,这种悖论演绎出一种智慧:审慎的精神与平衡的探求。思想的表达和传播,快者,易乱;慢者,易坠。故既要审慎,又求平衡。在此,可这样领会:该快时当快,坚守一种持续不断的开拓与创造;该慢时宜慢,保有一份不可或缺的耐心沉潜与深耕。用不逃避重负的态度面向传统耕耘与劳作,期待思想的轻盈转化与超越。

4

"轻与重"文丛,特别注重选择在欧洲(德法尤甚)与主流思想形态相平行的一种称作 essai(随笔)的文本。Essai 的词源有"平衡"(exagium)的涵义,也与考量、检验(examen)的精细联结在一起,且隐含"尝试"的意味。

这种文本孕育出的思想表达形态,承袭了从蒙田、帕斯卡尔到卢梭、尼采的传统,在 20 世纪,经过从本雅明到阿多诺,从柏格森到萨特、罗兰·巴特、福柯等诸位思想大师的传承,发展为一种富有活力的知性实践,形成一种求索和传达真理的风格。Essai,远不只是一种书写的风格,也成为一种思考与存在的方式。既体现思索个体的主体性与节奏,又承载历史文化的积淀与转化,融思辨与感触、考证与诠释为一炉。

选择这样的文本,意在不渲染一种思潮、不言说一套学说或理论,而是传达西方学人如何在错综复杂的问题场域提问和解析,进而透彻理解西方学人对自身历史文化的自觉,对自身文明既自信又质疑、既肯定又批判的根本所在,而这恰恰是汉语学界还需要深思的。

提供这样的思想文化资源,旨在分享西方学者深入认知与解读欧洲经典的各种方式与问题意识,引领中国读者进一步思索传统与现代、古典文化与当代处境的复杂关系,进而为汉语学界重返中国经典研究、回应西方的经典重建做好更坚实的准备,为文化之间的平等对话创造可能性的条件。

是为序。

姜丹丹(Dandan Jiang)
何乏笔(Fabian Heubel)
2012年7月

献给西尔维

目 录

前 言 / 1

上 篇

1 新自由主义神话学 / 9
2 社会排外主义神话学 / 33
3 环保怀疑主义神话学 / 48

下 篇

前言　论批评经济学 / 67
1 新自由主义神话学 / 74

2　社会排外主义神话学 / 96
3　环保怀疑主义神话学 / 111

后记　走出经济神话学 / 127

前　言

神话的作用就是驱赶真实。

——罗兰·巴特,《神话学》

经济学已经成为政治话语的语法:它用规则和惯用语包裹着公共话语。从此,公共话语的自由意志受制于经济学词汇、修辞和语调的选择。今天,政治家的讲话处处援用经济学的证据,一旦偏离数据,就有人提醒他们要遵守规则。然而,如此的经济学语法既不是科学,也不是艺术,它更像是神话学——对最基本的、规则性的集体表象的共同信仰,这些集体表象被认为是权威的、可信的,但实际上并非不容置疑。

那么,经济神话学的作用是什么呢?政治家向经济学俯首称臣的用意何在?或许,他们想找回越来越失控的权威。当政府不能再通过武力或者说服来发布社会"绝对命令"的时候,经济学就有了用武之地。经济学修辞最主要的作用是替那些话语已无足轻重的政治家告诉公民"应该"怎样做。它发号施令、进行选择、做出决定;它就像是一味安慰剂,告诉众人:社会世界的确纷繁复杂,但总有解决的办法。

从未如此地"令人悲哀",经济学竟然屈服于宿命,它总是说世界是艰难的,充斥着义务、约束、拒绝、惩罚、放弃和失望。当公民表达"我们希望"的时候,它总是一成不变地回答"我们不能"。它提出一些看似严肃的问题,比如"这样做的成本有多大?""收益是什么?",结果吞噬了许多计划、目标和梦想。经济学对"多样化选择"宣判了死刑,但它的真正使命不是宣布一个不可撤销的审判,而是在公共讨论中提出多种可能性,提出一些开放的、可协商的观点。经济学既没有责任也没有能力做出决断。

如果谁想成为当今举足轻重的人物,那就去当"经济学家"吧。意识形态论和伪专家主义搅合在一起,毒害深重,所谓的"评论家"越来越多,他们平庸无能,却又自命不凡,常常用带着威胁的调子背诵着自己一窍不通的教科书。无所谓了,经济学被当作了一个符咒:"评论家"不过是在求助经济学的超级权力。他们知道"用经济学的口吻讲话"可以让自己和强者站在一起,强者就是可以说"不"的人;他们也知道很少有人敢藐视经济学授予的权威。

具有神话色彩的经济学以晦涩的方式讲述着具有社会用途的故事和传说,它污染了公共讨论,也毒害了民主精神。当今政权认为只有援引经济神话学才能建立"公信力",表现其严肃性。即便是表面上离政府(早已被"经济化")最远的部门也不得不屈服于这个新的普遍规则,从此开口闭口只谈经济。如此这般,所有的部门都将其民主公信力毁于一旦。

总而言之,对经济学的信任或许正在前所未有地吞噬着政治的合法性。经济学成了神话学,它唤醒了全世界,这是第一个悖论。

不幸中的万幸,对"经济学"的争议越来越多,有学科内的,也有学科外的,这已经引起了学术界的关注。但是仅限于学术界的质疑还不够。我们甚至可以这样认为:尽管经济学在学术界的声誉和地位每况愈下,但是它对民主的影响力却在不断升级。因为经济学话语已经征服了学术和政治讨论的中间地带:我们应该将它逐出公共舆论,带它回到属于自己的地方。

这本小书希望能增强大众对经济神话学的免疫力,让政治家摆脱经济学致命魅力的蛊惑。本书将解构当今盛行的三个论断,有的刚刚萌芽,有的根深蒂固,但它们都借用和滥用了经济神话学,蒙蔽了我们的双眼,让我们看不清当前真正的挑战。这三个论断分别是——走向衰落的新自由主义、正在兴起的社会排外主义和一直存在的环保怀疑主义。经济学所谓的现代性徒有虚名,这是第二个悖论:它表面上宣称改变和改革是其亘古不变的使命,却将个人和集体关闭在一个一成不变的世界,让不同的意见失声,让新的思想窒息。

本书无意用经济学的推理去反驳经济神话学:经济学没有真理,只有开头的假设和结尾的选择,至多,二者之间还有恰当的方法和正确的工具。但是,本书希望读者能重拾从经济学角度探究问题的乐趣。这个习惯正在逐渐消失,对我们的民主讨论来说,这无疑是一个严重的威胁。

上 篇

# 1
新自由主义神话学

什么是新自由主义？在法国，我们通常认为它源于20世纪80年代罗纳德·里根（Ronald Reagan）和玛格丽特·撒切尔（Margaret Thatcher）共同施加的"盎格鲁-撒克逊"影响。英美两国隔着大西洋联手与苏联对抗，宣称在柏林墙倒塌之后，全球化的资本主义将独占鳌头。我们却忘了新自由主义其实已经在一个制度体系里结晶——那就是欧盟。它诞生于20世纪90年代，是反对凯恩斯思想和福利国家的产物。21世纪初的前10年，新自由主义让美国和欧洲陷入重重危机，尽管它正走向衰落，却和一个普通的经济学话语一样，早已深入人心。对它的质疑如果不算是背叛的话,至少也是一种偏离。

然而,和所有的教条主义一样,市场教条主义是新自由主义经济修辞的根本,它建立在一个简化的逻辑之上。从意识形态的角度来看,它的缺陷在于忽略了社会制度(调节、公共服务、再分配和社会保障)的关键作用,将西方的繁荣简单地归结为绝对的重商主义(其实从来就没有存在过):冷酷无情的市场,被再分配制度拖累和压制的生产和创新体系,竭尽全力阻挡经济活力的国家。这一切无外乎天方夜谭。

实际上,新自由主义和古典自由主义一样,它让经济学思想和经济政策倒退至18世纪,让社会穿越到史前时期。亚当·斯密(Adam Smith)之所以无愧于现代经济思想之父的称号,是因为他从道德,而不是从政治中解放了经济。卡尔·波兰尼(Karl Polanyi)完美地描述了公共权力与市场相辅相成的关系,而新自由主义神话学却有意否认这一点。我们尝试在下文解构几个新自由主义的神话。

神话1:有活力的市场经济应该建立在自由、非扭曲的竞争之上

新自由主义一会儿说"公共调节压抑了经济",一会儿说"万能的市场吞没了国家",二者看似矛盾却都笼罩着神话的色彩。其实,市场唯有经过调节方可生存,国家唯有凭借市场方可强大。在当今的公共管理领域,"公私联合"被认为是一个非常具有创新性的工具,实际上它是对市场经济最简单的定义。神话的迷雾掩盖了真正的问题:谁来承担市场经济的风险和成本?谁来获取市场经济的租金?

我们首先来考察第一个神话,它用自发性市场的无辜去反对国家公共调节的约束。毋庸置疑,市场是游戏规则的集合。除了公共权力,谁还可以制定、实施和管理这些规则呢?当然,公共权力通过不同的方式介入市场——作为或者不作为:实际上每一条规则都会带来受欢迎(遵守约束)和不受欢迎(回避约束)的经济激励。公共权力是调节市场的不二之选。

法国政府就这样有意识或无意识地调节着市场。以铁路、航空和公路运营市场为例，鉴于国家对矿石能源的补贴政策，法国政府或多或少地对某些部门有所倾斜：比如在20世纪80年代中期，航空部门比铁路系统更受重视；最近法国政府又对公路运营青睐有加。因此，法国审计法院指责铁路部门缺乏竞争力①是没有道理的，其实最主要的责任不在法国国营铁路总公司，而在于国家对能源的公共调节，以及公共权力赋予航空和公路运营部门的经济优势。

国际贸易也遵循着同样的逻辑：交换商品和服务意味着交换法律和规则。诞生于20世纪60年代的欧洲共同市场如今已成为全球第一大市场，它的发展壮大离不开一个重要却常被忽略的角色——欧洲法院。事实上，欧洲法院通过促进成员国法律制度的衔接加速了贸易一体化的进程。因此，将全球化归结为"自由贸易"的产物是错误的：公共调节是国际贸易存在的前提。实际上，欧

---

① 2014年10月，法国审计法院在一份关于法国高铁（TGV）的报告中称，法国高铁在韩国、摩洛哥等少数市场虽有斩获，但面对西门子等国际竞争对手已落入下风。——译注

盟既是公共调节最多的区域,也是贸易最发达的区域(欧洲共同市场占全球市场三分之一的份额)。公共调节越多,市场活力就越大。当今,在大西洋和太平洋两岸复杂晦涩的贸易谈判中,我们也清楚地看到了这个悖论:公共调节是贸易自由化的前提!

中国是一个非常典型的案例,它体现了公共调节和自由市场的相互渗透:中国成功地实现了二者的高难度的融合。透过这面镜子,我们看到法国一方面相信市场低效是因为它受制于国家,另一方面又相信国家无能是因为它受制于市场,这种双重信仰是多么地不切实际!中国在1978年决定转型,并且把握好了转型的每一步,才能取得今天前所未有的成就。

我们再回到市场公共调节的问题,它表现为两种形式:作为与不作为。后者不易察觉,却往往威力更大。我们知道,税收是公共干预最重要的工具,但是不征税对个人行为的影响丝毫不亚于征税。法国对就业征收重税,以资助法国人希望享受的公共服务和社会保障,这可能会打击某些经济决策,但法国对自然资源消耗的征税非常低,这种不作为相当于对各种污染环境的行为给予的

"鼓励",其后果要严重得多。如果没有政府的补贴,消费者就应该为环境污染的真实代价买单,尤其要支付开采自然资源和滥用自然资源的真正成本,前者对环境的破坏已经在法国显现,后者是局部乃至全球污染的根源。成本如此之高,如果不是因为公共权力的买单,早就激励出了对环保负责的行为和更加经济环保的生产模式。公共权力可以鼓励创新,当然也可以在更大程度上压制创新。

问题的关键还在这里:所谓"自由"市场的拥护者绝对不是要终结公共干预,他们的诉求是公共干预为己倾斜!近几年,法国雇主协会终于说服政府相信公共干预令人难以忍受,将本该由企业缴纳的400亿欧元的社保金转嫁给家庭是绝对必要的,这可谓史无前例。在美国,最虚伪的亿万富翁(比如真正拥有一个工业王国的科氏兄弟)费尽心思宣扬自由竞争的神话,以达到税收减免几亿美元的目的,这根本就是纳税人付给资本家的公共补贴。这些"企业家"的"经济模式"就是专攻如何骗取政府的公共补贴。

新自由主义的神话一边宣称市场被人操纵,一边述说无能的国家如同格列佛①一样被绑架,受制于各种市场,尤其是金融市场。在全球化的今天,这个神话尤其危险。相信这个神话,就等于忘记了在近几十年的金融自由化中公共权力所扮演的核心角色,以及公共权力每天从金融自由化中获取的可观收益。法国是一个典型的案例。在20世纪80年代社会党执政时期,公共权力策划了金融市场在法国境内的自由化,并延伸至欧洲大陆,目的是让更有"深度"的市场为公共债务融资。30年后,社会党再次执政,法国政府决定减少公共债务、大幅削减社会性开支,并宣称这是金融市场的迫切要求。此时,骗局就大功告成了!

如果说公共权力无能,那也是心甘情愿的无能,如果愿意的话,它随时可以改变。在金融全球化的今天,法国的部分国债被外国投资者持有,可见法国的吸引力不容小觑(法国接受的对外直接投资便是证据)。正因为全世界的投资者都愿意持有法国的国债,法国政府完全能掌

---

① 《格列佛游记》是英国作家乔纳森·斯威夫特创作的一部长篇游记体讽刺小说,首次出版于1726年。——译注

握自己的经济命运。法国选择与欧盟伙伴风雨同舟完全是出于自愿,并非无奈之举。

同理可见,"危机"根本不能说明国家的无能,相反,它惊人地表现了国家的无所不能:我们看到在 2008 年秋,如果没有国家出面和政府承诺,我们的经济体系在几周之内就会崩溃①。真正的问题在于成本的分摊:在经济衰退时期,政府对金融部门的承诺由谁买单?为什么其他经济主体(比如职工)得不到政府(更多)的承诺?

成本问题的背后隐藏着风险问题,我们在上文似乎有所提及。然而,经济神话学对此遮遮掩掩。二战后,公共权力致力于为职工提供社会保障(就业、工资、劳动条件);然而,20 世纪 80 年代之后,公共权力却转而为银行和投资者提供金融保障。国家的经济实力没有改变,只不过它不再为社会进步服务了。

在当代资本主义制度下,有一个地方最能体现经济学神话驱赶真实的功能:那就是美国旧金山的硅谷。它

---

① 2008 年金融危机爆发后,法国政府为应对严重的经济衰退,实施了总投资达 260 亿欧元的经济振兴计划。——译注

是因特网的摇篮,高科技资本云集,而硅谷这个名字本身就是一个神话,准确地说,它既不是山谷,也没有一丝硅的痕迹!全世界都认为硅谷是企业家天才的殿堂,那里融合了创新精神、具有创造力的文化反叛和无拘无束飞黄腾达的自由,应该离国家的调控十万八千里,但是真相完全不是这样的:硅谷是一个地地道道的公共资本主义的产物。

硅谷最初的投资人是美国国防部,它在二战期间,尤其是战后投入巨资,借助著名的公立和私立大学的力量在那里从事研发,对数字创新科技进行产业孵化。如果说今天硅谷的公司创造了可观的利润,很大程度上是因为他们学会了通过避税来积累公共补贴,他们将上亿美元的资本不仅用于科技创新,也用于寻求避税秘籍(他们规避了 90% 的应纳税额)。硅谷最年轻的公司也不例外:在法国,我们经常称道的经济"优步化"(ubérisation)其实是一种偷渡者的资本主义,它巧妙地利用公共调节的漏洞,调动非商业资本对免费活动实行货币化改造。总之,"优步"模式是商业对私人空间的侵略:娱乐时间被工作时间替代,私家车变成了职业用车,私人住宅变成了商业用房等。关于该经济模式的真正问题有两个:从中期来看它是否有效?从政治的角度它是否合法?

为了理解"偷渡者资本主义"固有的低效性,我们可以用硅谷公路的例子来打个比方:因为法律的原因,加利福尼亚是美国增税难度最大的一个州,也是私家车数量最多的州之一。这导致了一个必然的后果——路况糟糕。简单地说,加利福尼亚人把钱花在汽车上,却不花在公路上。如此的个人主义策略是反生产的,其弊端越来越明显。公路崎岖不平,堵车严重,即使最富有的加州人也难免其害:无论其座驾多么豪华,他都和别人一样陷入无休止的拥堵。硅谷百强的股值已经达到三万亿美元,可是从中获益的只有少数企业家和高管,其中男性和白种人占到95%。实际上,被"硅谷化"的加州越来越穷:公立学校不可避免地走下坡路;在旧金山这样的特大城市,房地产投机让贫穷肆虐;交通设施(公路和桥梁)每况愈下。

这样的经济模式提出了一个更加根本的问题:如果没有人愿意交税,那么公共产品的私有化是合法的吗?这个问题是下一个神话的核心。

神话2:创造财富是再分配的前提

对于我们的经济体制,流传着这样一个伪天真的观点:公民社会和企业家创造财富,而国家出于善意将这些财富再分配给接受社会救济的人。这个观点既有精英主义的色彩,又带着居高临下的论调,很容易忽略财富创造的社会条件。在这个经济世界里,企业家不可能单枪匹马地创造产品和服务,他需要外部条件(比如各种由集体出资的基础建设),否则,企业家的创新只能永远地停留在想象的层面。基础建设包括教育制度、公路桥梁、法制建设、金融机制、社会信任……我们称之为创造经济价值的生态系统。

这些公共产品是有成本的,所以税收和社保体制就成了各种经营活动的条件和基础。同样,这里的问题是:企业和企业主从公共产品中获益匪浅,但他们是否不折不扣地有所担当?他们是否满足于为了自己的利益将公共产品私有化,却对公共产品的维护和更新撒手不管?由此看来,世界上某些财富(比如墨西哥的"全球首富"卡洛斯·斯利姆[1])在很大程度上源于上述"公共产品私有化"的逻辑。拒绝交税和不付工资是"偷渡者资本主义"最为赏识的两种"经济模式"。

暂且不论创造经济价值的社会条件,我们应该质问为什么在经济神话学里,生产总是享有比分配更高的地位?如果不平等的危机已经阻碍了经济活力,还应该固守这个逻辑吗?换句话说,我们是否应该证明财富的分配才是经济发展的前提条件?

阿瑟·奥肯(Arthur Okun)在1975年提出的效率和平等之间的"重大抉择"一直是后代经济学家有意识或无意识的知识参照。其思想主旨在于不平等是实现经济效率的一种必要的恶:"追求效率就一定会产生不平等。因此,社会就面临着在平等和效率之间的抉择[2]。"

该书的法译本出现了意义的缺失(这种情况时有发生):trade-off(两难、抉择)一词在法译本中被译成了

---

[1] 卡洛斯·斯利姆·埃卢(Carlos Slim Helú),墨西哥电信最大股东,墨西哥美洲电信首席执行官,持有墨西哥卡尔索集团,几乎覆盖所有产业,商业网络遍及全球。——译注

[2] Arthur Okun, *Égalité vs efficacité. Comment trouver l'équilibre ?* (《平等与效率:如何找到平衡?》), *Paris*, *Economica*, 1982.(法译本)

équilibre(平衡)。然而,奥肯分析的关键点是效率和平等孰轻孰重的问题。在这一点上,奥肯忠实于帕累托(Pareto)在20世纪初提出的人人皆知的新古典主义:一项经济政策首先应该以效率为目标,在理想的情况下,经济效率自然会产生再分配(这是新古典理论的"福利第一定理"),否则,国家可以采取补偿性措施。该逻辑在20世纪90年代末盛行于法国左派的"生产社会主义",他们认为:经过深思熟虑的经济效率自然会带来平等,"再分配社会主义"的观点(要么优先考虑分配,要么同时考虑效率和公平)是绝对错误的。

21世纪初的经济学研究通过大量的实证分析,对这种认为"效率"天生就无可非议的意识形态提出了彻底的质疑:不平等不仅是不公平的,它也同样是无效率的。它引发了金融危机。它用租金取代创新。它阻碍了医疗和教育的发展。它冻结了社会阶层。它让民主瘫痪。它加剧了环境破坏并酝酿着生态危机。

奥肯用"漏桶"的比喻来批评再分配政策①,我们也

---

① 每一项再分配政策(比如法国的收入税)都有可能是效率木桶上的一个缺口,它会让一些经济活力流失。奥肯认为,对国民来说,这个桶最终空空如也,因为公平抹杀了效率。

完全可以从相反的角度来理解:不平等也是效率木桶上的缺口;如果桶里的东西不再惠及全民,根本就不需要把它填满。为什么当今美国的国内生产总值增长率为2%,而对90%的人口来说,收入还在下降？因为在国内生产总值的增长和真正分配给绝大多数美国人的收入之间存在着诸多"缺口":金融的权力、工资和利润的不平等以及在很大程度上借助于公共资源的财富聚集等。

因此,不平等也可以被认为是"无效率"的,因为它阻碍了经济的活力、人类的进步和可持续发展。大量实证研究表明不平等的社会成本是巨大的,而减少不平等并不是什么难事。人人都应该遵守公共政策,这显而易见！我们举法国的教育和美国的医疗为例。我们知道,法国学生在国际考试中整体落后的原因是教育的不平等。不平等让法国的教育效率低下,举步维艰。在美国,研究表明加强医疗平等可以降低成本:在贝拉克·奥巴马(Barack Obama)启动医疗改革之后,享受医疗保险的人数增加了约两千万人,医疗开支费用却前所未有地大幅下降。平等是经济的！

目前有一种对立的观点相当流行:不应该减少不平

等,因为一旦实现平等就会阻碍经济增长。我们要对这个纯粹工具性的观点保持警惕,因为它后果严重,它让社会公平屈从于一个阶段性目标——国内生产总值的增长。与不平等抗争之所以重要,是因为不平等对社会的终极目标(即公民的福利和社会的可持续发展)贻害无穷。

前文尝试解构了两个最重要的经济学神话:一是市场和国家的对立;二是生产相对再分配的优先地位。从这两个神话又延伸出三个分支,我们将在下文逐一解构:用私有规则管理国家的必要性、社保制度的不可持续性以及"结构改革"的最高指挥权。

神话3:我们应当用管理家庭和企业的规则来管理国家

国家与家庭和企业最根本的区别是什么?国家应该对资源的管理更加谨慎?不仅如此。国家也会犯错,让集体承受沉重的代价,我们在法国再清楚不过了。最根本的区别在于对国家的管理应当具有可持续性。既然国家的使命是长期保障国内社会的融合,那么它当然不应该考虑家庭和企业所关注的短期目标。在当前公共财政危机的压力下,如果试图把公共权力(包括中央和地方财政)和私有会计制度的短期目标捆绑在一起,我们可能会削弱公共权力(确切地说,这根本就是某些人的目的),甚至会危及社会制度的稳定。

捆绑公共权力和私有会计制度的第一个表现就是停止公共投资。公共投资的收益应当区别于私有投资的会计规则,原因不是公共投资比私有投资更加明智,而是因为它的目标是集体的,时间维度是长期的。公共权力应当继续投资,无论其财政状况多么艰难,即使利率下落到历史最低点也不可放弃。在当前形势下,不投资是一个管理的失误。

公共投资应当继续,但国家、地方政府或者医院必须认真考虑公共投资的效用和目的;这才是它们存在的理由。不幸的是,社会效用问题常常被认为是无关紧要的,取悦公众的反倒是一些关于"公共管理混乱"或者"徇私舞弊成风"的讽刺性评论。然而,社会效用并非无足轻重。比如,由于预算缩水,法国地方政府在人类发展不可或缺的基础设施(比如托儿所或者大学)上减少投资,却与足球俱乐部共同出资修建足球场,大部分的收益都落入了私人俱乐部的腰包。这样的行为是否具有社会效用呢?

国家的管理不能与家庭或者企业相提并论的另一个根本原因与当前经济危机的形势相关:当每个人都"勒紧腰带"的时候,国家尤其不能像公共舆论所认为的那样扮演榜样的角色。国家一旦"勒紧腰带",经济衰退就会演变成社会萧条,经济就会迅速下滑。城门失火,殃及池鱼。这是2010年以来欧洲财政紧缩政策的拥护者犯下的根本性错误。他们完全忘记了保罗·克鲁格曼(Paul Krugman)的名言:在市场经济下,"你的支出就是我的收入"[1]。换句话说,危机抽干了所有的私人投资,在这个时候再缩减公共开支是一个荒唐的错误,因为财政紧缩不但不能控制,反而加速了萧条之势。在私人投资不景气的情况下,如果再缩减公共投资,经济灾难的命运将无

---

[1] Paul Krugman, *Sortez-nous de cette crise... maintenant*!(《让我们走出危机……现在!》), traduction d'Anatole Muchnik, avec la collaboration d'Éloi Laurent, Paris, Flammarion, coll. «Champs», 2013.(法译本)

可挽回!

最后,我们惊讶地发现:那些希望将私人管理的规则用于公共权力的人拒绝承认经济学的常识——公共权力在负债的同时也拥有资产。其实,公共权力的资产数量可观,尤其在法国:根据法国统计及经济研究所(INSEE)的数据,法国行政部门的资产达到5500亿欧元。仅仅根据负债的数额就宣布国家"破产"无疑是荒谬的,我们对任何企业都不会这样做。从社会的维度,公共债务所对应的是一些被称为教育、医疗和住房的资产。不过,"国家危机"的修辞具有意识形态层面的理由。

神话4:社保制度在财政上难以维持

30多年来,我们大张旗鼓地宣布社保制度即将崩溃,为什么它至今依然坚挺呢?答案很简单:社保制度绝对不像公共讨论所描述的那么弱不禁风。现收现付制并非在财政上难以维持的"庞氏"骗局①。有人认为应该赶紧将

---

① 用新投资者的钱来回报老投资者。

现收现付制私有化并托付给精明的金融市场。其实，无论是谁，只要对近30年的股票危机史和当代金融的运行模式稍加留意，他都会承认我们完全处于一个利益至上的神话之中。社保制度难免会有财政失衡，但是它远比股票市场稳定得多，更不用说那些衍生的金融产品……

然而，社保制度在短期非常容易受宏观经济的影响，这一敏感性值得强调。如果观察法国社保债务近25年的走势，我们会清楚地发现20世纪90年代初和21世纪00年代末经济衰退留下的痕迹。但是我们也应该看到，一旦经济复苏，社保账户又重新回归平衡，有时甚至可以积累大量的盈余（比如20世纪90年代末的法国）。2009年以来，法国社保账户的变化充分显示了社保制度走出赤字、回归平衡的活力：2010年法国经济衰退引起了220亿欧元的社保赤字，但到2015年已经减半，下降至110亿欧元左右。法国社保制度的四个部门①应该能在2019年累积约20亿欧元的盈余。就业市场稍一改善，普通养

---

① 法国的社保制度包括医疗保险（疾病、生育、丧失工作能力、死亡）、工伤和职业病、养老和孤寡保险以及家庭救济（残疾、住房等）四个部门。——译注

老保险就已经恢复盈余……因此,没有什么金融宿命论能在长期或者短期给社保制度定罪;同样,也没有什么能强迫选择现收现制的国家将社保开支的互助化供奉于经济竞争力的祭坛。

神话5:旨在提高"竞争力"的"结构性改革"是经济繁荣的关键

在法国,"结构性改革"是一个人人皆知的话题。在总统竞选即将拉开帷幕之际,它更成为了舆论关注的焦点。经济学的神话告诉我们:法国经济之所以碌碌无为,是因为缺乏能提高经济"竞争力"的"大胆"举措。无论执政党还是在野党,都在很大程度上认可了"结构性改革"的神话,前者可以掩盖自己的错误(只有结构性改革才能真正地降低失业率),后者可以表明自己的抱负(当前政府没有能力对国家进行深度改革)。

首先,需要通过"结构性改革"激励的所谓"竞争力"是指什么呢?从来没有人对它做出过定义。它究竟是指劳动成本,还是劳动生产率?是指劳动力的素质还是就业者的文化程度?这个问题尤为重要,因为不同的衡量标准意味着不同的解决途径,也意味着不同的发展战略。法国的劳动生产率已经相当高了,我们还想继续提高吗?培训员工需要成本,需要社保基金的资助,但法国人不是还希望减少社保缴纳金吗?"有口皆碑"的"结构性改革"不过是为了欺骗无知的民众,自然成了神话中的神话。

如果将"竞争力"狭义地理解为劳动成本,从而进行"结构性改革",通过减少"社会福利"来降低劳动成本,这应该是贫穷国家的经济战略(但新兴国家却选择了相反的道路)。这样的战略或许会强化"非合作"的逻辑,自1993年欧洲共同市场建立之后,"非合作"的竞争在几十年里让欧盟计划濒临瓦解。实际上,欧盟是世界上在纳税和社保方面竞争最激烈的地方。还有一种解决方法:一边大肆宣扬劳动力市场的弹性日益增加,一边绝口不提由大量"结构性改革"(比如近期通过并被广泛使用的"无固定期限合同的协议终止"[①])造成的超级弹性。这

---

① "无固定期限合同的协议终止"是指雇主和雇员通过法律认可的协议共同约定条件,在双方同意的前提下,可以终止无固定期限的劳动合同(试用期除外)。——译注

些举措无一能让失业率持续下降,让社会更加稳定:在每一次预测不准、管理不善的宏观经济冲击下,失业率都直线上升(法国在2009年经济衰退之前的失业率是7%左右,后来直奔10%),社会也越来越不稳定。

像"结构性改革"之类的主题容易导致经济学概念的工具化,它所传播的意义往往与其内涵背道而驰。我们在上文看到,"竞争力"目标常常迫使企业裁员,其结果是削弱而不是加强了企业的相对优势。"生产效率"和"吸引力"等概念也如出一辙。

在人类社会的历史进程中,提高生产效率旨在减少劳动时间,以不放弃物质福利为前提解放人类的闲暇时间(减少劳动时间是生产效率提高的指标之一;几个世纪以来,人类智能的发展已经大大地减少了劳动时间)。但是,在当代经济神话学家的口中,"提高生产效率"意味着在相同工资的条件下增加劳动时间。换句话说,这是彻底的社会倒退,它阻碍了人类的进步,却在经济神话学中被称为"经济约束下的自然调整"!

同理可推,"区域吸引力"(attractivité des territoires)的途径之一是税收竞争,它所关心的福利,是外地人的福利。如果地方政府要吸引企业入驻,它可以滥用本地纳税人的钱,对外地企业进行公共补贴使其利润膨胀,而这些企业却伺机而动,随时准备撤离。除了以上的分析,我们还可以将目光放得更长远一些。在法国,"结构性"问题实际上只有"生活水平"一个标准,它有待更深入的思考,比如将人类发展与未来人口的变化联系起来。近十年来,法国的人均收入相对其他发达国家(比如英国)有所下降,某些领导担心这会导致法国国际排名的下滑。这与社会的选择有关,我们选择了用减少劳动时间来提高生活质量。尽管法国人的劳动生产率一直很高,但增长速度不如从前,从而无法再完全补偿劳动时间减少引起的损失。因此,相对而言,法国人的生活水平就稍微下降了。

我们应该从两个角度来考察这个问题:一方面,法国通过减少劳动时间创造了35万个工作岗位,它增加了福利,我们不能消极地仅看到经济数据的下滑;另一方面,未来人口的变化可以在一定程度上弥补收入和福利的差距。根据目前的预测,法国的可就业人口和可就业率在未来几十年里都将上升;在如此有利的人口条件之下,只要公共权力实行真正有利于人类发展的政策(促进健康和教育平等),采纳明智的宏观经济政策(也就是能预测和减缓,而不是加剧经济冲击的政策),全国人口的劳动时间就会增加。换句话说,只要法国的人口资源被合理利用,它将是法兰西未来几十年发展的支柱(德国就没有如此的有利条件)。真正的"结构性"挑战在这里,我们被经济学的神话蒙蔽了双眼。这个挑战意味着要继续保持我们当前的发展模式,而不是以拯救的名义将它撕得粉碎。

2
社会排外主义神话学

毋庸置疑,极右势力已经在欧洲重新抬头,他们以从前(甚至很久以前)的"身份焦虑"为借口,引发了新的社会危机。从这个角度来看,当前形势令人担忧的程度堪比 20 世纪 30 年代。特别值得一提的是,今天社会排外的话语具有新的特点:欧洲的极右势力不仅以源于西方"文明"的、虚幻的"民族身份"为支撑,还利用欧洲人对其社会模式的依赖,将其作为反对外国人、移民及其后裔的武器。因此我们认为,当今极右势力"社会排外"的意识形态位于"身份焦虑"和"社会危机"的交点。

近几年来,社会排外的话语在法国、意大利、北欧以及部分中欧和东欧国家都相当活跃,只有在英国和德国政界的影响力稍显边缘。随着2014年的欧洲选举和媒体在2015年以所谓"移民危机"为核心的大肆宣传,这些言论被逐渐加强,并从容地走向了现实,而且越来越具有公信力。匪夷所思的是,尽管极右势力不断批评并试图推翻当今的"制度",却借用了当今政权最钟爱的"经济理性"话语。

从经济理性的角度来看,不是在欧洲和法国有"太多的移民",而是相对于有限的可支配资源来说,移民的数量太多了。尽管欧洲的社会模式已经岌岌可危,但它的慷慨仍然吸引着全世界的受难者。欧洲的繁荣已经今不如昔,假想的经济衰退迫使我们将所剩无几的繁荣留给自己。因为以前的移民无法实现"社会融入",我们不得不对新来的移民暂时关闭国门。我们也许只能给他们提供一些违法甚至犯罪的"饭碗",这是社会混乱和政治无序的根源。法国的社会制度过于慷慨,它已经山穷水尽;或许,我们应该收回张开的双臂,重新为自己储备资源。

我们立刻发现了以下悖论:我们究竟是太富有(不富有又怎能吸引移民)还是太贫穷(不贫穷又为何驱逐移

民)？如果法国的社会模式危在旦夕,那么全世界的移民能给它带来怎样的生机？如果法国的社会模式坚挺稳固,法国又为何要突然改变态度去关闭国门？

然而,社会排外神话学的逻辑更加荒谬:法国关于移民和融入的"讨论"只关注法国的人口结构已经发生的变化,却无视该变化对当前的影响。这让我们难以预测未来真正的挑战。经济神话学蒙蔽了我们的双眼,既掩饰了现实,又故意遮挡了未来。

神话1:当前的移民潮是失控的,它很快将"完全取代"法国人口

当今的全球化不同于历史上任何一次经济一体化,因为今天的移民潮数量可观、无法控制。这或许是社会排外话语中最根深蒂固的神话。我们可以直言不讳地说,事实正好相反:"第一次全球化"时期(1870—1914)经历了更大规模的人口流动(主要是从欧洲到美国)。当今的移民仅占世界人口的3%(全球70亿人口,仅有2.3亿移民)。这意味着97%的人口仍然居住在出生国(该比

例25年来一直保持稳定)。我们可以认为当今人口比以前更加稳定,流动性并没有增加吗?也不能完全这么说。应该指出的是,世界总人口在20世纪大幅增长(是上个世纪的4倍),移民的总量自然呈上升趋势,但是从比例上来说却在下降。

以法国为例,如果与20世纪60年代的移民高峰期相比,今天的移民不仅在比例上是下降的,总量也在减少。与极右势力所宣扬的神话相反(该观点影响了很大一部分的保守主义者,甚至进步主义者),法国接纳的移民数量已降至历史最低点:每年28万人左右,其中还包含8万来自欧洲的移民和6万留学生(大约三分之一不会留在法国)。这些"外来入侵者"占法国人口的比例令人"瞠目结舌",竟然"高达"0.4%[①]。

根据著名人口学家弗朗索瓦·埃朗(François Héran)的估计,每年入境的移民数量大约是法国境内新出生人口的三分之一。而在新生儿当中,移民的后

---

① 在瑞士,每年入境的移民占总人口的比例是该数据的3倍多;澳大利亚的比例是其2倍多。

代仅占法国人后代的十九分之一。以这样的节奏(入境数量和出生比例),现在宣称高卢人被血统不纯粹的流动蛮族"完全取代"还为时过早:事实上这几乎是不可能的。

然而,根据法国统计及经济研究所的数据,"部分取代"已经出现:当今五分之一的法国人口要么是移民,要么是一个世纪以来移民的后代。20世纪初,法国的移民占总人口的3%;该比例在20世纪30年代法国收紧移民政策之前为8%;1975年为7.5%;2008年又回升至8%。因此,从近一百年的数据观察,法国境内移民的比例一直在6%到8%之间波动。近四十年,移民比例被认为"大幅提高",其实就是"飙升"了0.5个百分点!

神话的话语往往是一个有毒的烟幕弹:法国真正的问题不是当前移民的不可持续性,而是移民及其后代的社会融入问题。对1200万已经取得法国国籍的移民或者在法国出生的移民后裔,法兰西共和国曾经提供了怎样的机会,现在又给予了什么呢?法国的人口结构在20世纪悄悄地发生了变化,出现了多样化的特征,我们应该如何开发这一资源呢?

神话 2：移民意味着不可承受的经济成本

关于移民成本的神话是一把双刃剑，要揭穿它必须小心谨慎。经济神话学认为移民给经济造成了不可承受的负担，如果要消除这一错觉，我们就不能将移民问题简单地归结为财政收益或者成本，因为这个角度已经进入了"排外"的话语逻辑，后者认为唯一可接受的移民应当是能带来高收益的"经过挑选"的移民，他们对接纳国的贡献多于负担，移民最好把家庭弃于国境线之外。

世界经合组织在全球最发达国家的研究结果表明：大部分的移民都年富力强、受过教育。他们有可能通过创新、就业等途径增强接纳国的经济活力，这和极右派的言论截然相反。在每年入境法国的移民中，三分之二都具有高中毕业文凭，近年来该比例一直在增加：移民当中有高中毕业文凭的比例差不多是法国人口的两倍。

事实上，以法国为例，我们应该推翻这个关于移民的神话:产生巨大经济成本的不是移民,而是移民的融入问题。在法国,移民普遍在劳动力市场遭受歧视:非欧盟移民的失业率为20%,是非移民的两倍还多。更具体地说,在高中毕业的男性公民中,移民比本土法国人的失业率高出35%;受过两年以上高等教育的移民失业率是本土法国人的4倍(本土法国人的失业率为2%,移民为8%)。更值得一提的是,在这些失业者中,移民受高等教育的比例为18%,而本土法国人的比例仅为16%。

以下事实无可争议且有据可查:在法国,同等条件下,移民及移民的后代面临更大的失业风险。如果居住在一些不利街区,失业的风险还会增加。换句话说,歧视和隔离相互作用,束缚着法国移民人口的社会发展。因此,我们不用为"完全取代"感到担心,应该为"彻底贫瘠"感到遗憾,法国竟然将有能力、有才华、有志于建设法兰西的移民拒之门外!

我们不能停留在这些描述性的观察结果,需要强调的是:除了经济和财政层面,移民还通过多种方式丰富了法国的内涵。文化、艺术、语言,甚至他作为法国人的方式……移民让法国更美好。

神话 3:移民让社保体系不堪重负

欧洲的社会排外论或许不知道这一点,甚至还会辩解,但它的确受到盎格鲁-撒克逊的影响,因为它直接源于 2000—2005 年英美评论家的观点。他们认为多样化和社会团结不可兼容,来自不同民族的个人和群体之间不可能建立紧密而持久的社会联系。

在大众读物和学术文献中,关于上述"两难"选择的版本不胜枚举。美国政治学家罗伯特·帕特南(Robert Putnam)认为,"种族"①(race)多样性越丰富,个人之间的信任度就越薄弱。在一个种族多样化的社区,个人对邻居的信任度会下降,多样化会导致社会混乱和社会隔离。从经济学的角度,也有学者认为种族多样性会引起福利国家的萎缩,因为它会吞噬社会团结的意识:提供社保福利和公共服务的再分配制度也许应以种族同质为前提。这些假设不但政治立场受到

---

① 美国的人口普查用"种族"一词对公民进行区分,比如西班牙裔。

质疑,而且在实证研究中也无法得到证实;我们一旦深入研究,它就变得不堪一击。

尽管如此,社会排外的神话仍然尝试将这一套假设引入欧洲大陆:欧洲的社保制度已经为第一代移民的融入做出了贡献;如果欧洲不愿看到它在明天崩塌,就不能再接纳新的移民。这个说法是错误的,我们不需要在种族多样化和社会团结之间去做非此即彼的选择。理由很简单,也很充分:在法国和大部分发达国家,移民是社保预算的净贡献者。移民的规模越大,每个公民得到的社会保障就越多。

具体以法国为例,我们从移民缴纳的社保基金总和中扣除其一生所享受的社保福利,移民对社保部门的净贡献在 2005 年已达 39 亿欧元。整体而言,移民比当地人口更年轻,他们对养老和医疗制度的贡献超过其一生所享受的福利。

但是正如前文所述,仅用货币来衡量移民对法国的贡献太片面了。如果我们宽容移民,仅仅是因为移民对欧洲养老制度的持续发展做出贡献,这也未免太过卑鄙了!

同样需要重申的是,被极端保守主义者抨击得最厉害的社会救济(比如国家医疗救济①)应该是法国的骄傲,即使如此的骄傲是有代价的。如果受邻国地缘政治②的影响,移民的规模扩大,该代价也会随之增加。外国人也好,移民也好,他们应该被接受,不是因为他们给法国带来经济效益,而是因为他们用成千上万的方式来丰富法兰西。无论从内容还是形式上来说,经济学的神话都是一场骗局。

神话 4:"城市周边的贫穷白人"是被法国区域政策遗忘的群体

在最近关于法国区域政策的讨论中,"被遗忘的地区"(区别于"郊区"——"失去的领土")引起的反响最为强烈。这在很大程度上受到经济学和制图学神话的影响。

---

① 法语为 L'aide médicale de l'État,该制度对非法居留法国的外国人承担医疗费用。——译注
② 比如利比亚的分裂危机带来的移民潮,法国不能置身事外。

我们将其观点概括如下:法国真正有问题的经济和社会空间不是公共舆论所认为的城市敏感区①(也就是所谓的"郊区",尽管有些"郊区"事实上位于城市的中心),而是城市周边地带。该地区的居民似乎逐渐被公共政策遗弃,而表面上贫困的"郊区"其实已经被各种财政政策淹没。因此,旨在实现区域平等的国家资源应该向最需要的地区倾斜,那里的居民最"值得"拥有,因为他们是生活在"城市周边的"法国本土的白种人。

前文提及的在多样化和社会团结之间的两难选择再次出现。这个假设可以推导出将社会福利和公共服务留给本土法国人(而不是移民和外国人)的必要性。这就好像在社会排外神话的食谱里再添上一勺区域平衡的调料和满满的一瓢社会怨恨。

有人认为城市敏感区因受到公共权力的眷顾而变得适宜居住。如何理解这个奇特的想法呢?搬迁率是一个衡量宜居程度的指标。城市敏感区居高不下的搬迁率表

---

① 城市敏感区(Zones urbaines sensibles)即法国政府基于失业率、收入、保障性住房比重等指标,在城市内部划定的贫困人口过度集中、社会问题突出的困难区域。——译注

明我们考察的不是一个封闭的隔离地带,而是一个开放且流动的空间。用居民的离开意愿来衡量该地区的生活质量再正常不过了!

揭穿这个经济学神话最有力的证据是对750个城市敏感区①居民生活调查的官方数据,它反映了城市敏感区相比其他地区的诸多劣势。法国城市敏感区观测站在2015年5月发布的最新报告指出,敏感区450万居民的贫困率是其他地区的3倍;青年失业率是其他地区的2倍;成年人失业率是其他地区的2.5倍。受2008—2009年经济衰退及经济持续低迷的影响,敏感区失业率和贫困率的增幅超过法国其他地区。毋庸置疑,城市敏感区的居民是被边缘化的公民。

有人认为"城市周边"比"郊区"更需要得到优先发展,但这个神话难以自圆其说。他们宣称必须重新绘制法国的贫穷地图,只有这样才能发现真正困难的区域;这些区域一直活在为了发展"郊区"而制定的官方标准的阴

---

① 法国在1996年首次制定了城市敏感区(ZUS)名单,后来有所修订。

影之下。这项工作确实已经展开,法国在 2014 年 2 月非常仔细地修订了甄选优先发展街区的标准,只剩下"收入"这个唯一的指标。结果,新版的优先发展街区①地图和旧版的城市敏感区地图之间有 90% 的相似度。

强调"城市周边的贫穷白人",无助于理解 21 世纪的法国在区域平等方面所面临的真正挑战。这个神话将公众的注意力转移到城市"周边",悄悄地遗漏了在城市空间内部的隔离问题。它只愿意看见居民的肤色,忽略了医疗、教育、环境等多重标准,而标准的多元化才能让我们理解困难区域遭遇不平等的程度。

神话 5:因为文化差异,移民无法实现社会融合

这是本章最后一个值得审视和解构的社会排外神

---

① 定义优先发展街区的标准包括人口数量少和"以居民收入为指标的经济和社会发展滞后"(所谓滞后,一方面是相对于法国的平均水平而言;另一方面是相对于每个街区所处的城市而言,具体评审方法因城市的大小而有所不同)。优先发展街区一共涉及 470 万人口。

话:在移民融入方面,政府无需花费大量的人力财力(尤其是通过教育),因为即使给予其机会,他们也不愿意融入法国社会。

法国相对于其他国家,在移民方面具有特殊性:移民后代的数量超过了移民。换句话说,我们要关注的不是从四面八方涌来的新移民,而是在法国本土出生,正在艰难地融入法国社会的移民后代的命运。与其他国家相比,移民在法国更容易取得国籍,但社会融入的难度更大。

教育与就业是移民问题中无法分割的两个挑战,其重要性不言而喻。在这两个对社会融入具有决定性意义的阵地,学者已经展开了丰富的研究,结论是如果具备条件,移民的孩子可以和法国本土人同样优秀。

法国统计及经济研究所的研究表明:如果社会阶层相同,移民家庭的孩子成绩更加优秀,其就业条件也接近于本土法国人。一旦控制了社会阶层这个变量,移民(或者移民后代)的身份对成绩的影响就显得次要了。相比社会阶层而言,"文化"变量对社会融入的影响几乎可以忽略不计。

然而,在严重的歧视和隔离下,很难实现"其他条件相同"的假设:移民即使取得了法国国籍,也无法获得与法国本土人平等的社会地位。问题不在于移民的子子孙孙因其身份变得难以同化(他们的祖辈亦是如此),问题在于今天的移民或者移民的后代无法获取与本土法国人同样的机会。虽然在法律层面,绝大多数移民已经取得法国国籍,但是他们无法从移民的身份中解放出来,在社会层面上真正地成为法国人。如果无法成为真正意义上的法国人,移民的后代就有可能将自己封闭在另外一些替代身份中。这样的歧视在非洲移民的后代中尤为突出,他们当中仅有 60% 可以就业,而南欧移民后代的就业率达到了 80%。法国不应该满足于自诩的"多样化",应该通过推动移民的融入成就其多样化。

3
环保怀疑主义神话学

环保政党在 21 世纪 00 年代中期经历过一段黄金时期,今天在欧洲和法国的处境却令人担忧。受 2008 年经济大衰退的影响,再加上同年哥本哈根气候大会令人失望的结果,成立于 20 世纪 60 年代的绿党在欧洲各国的地位每况愈下,即使在 1983 年率先让环保政党进入议会的德国也不例外。

我们也许相信或者希望在绿党地位下降的表象背后是环保主义在政党和公共舆论中地位的真正提升:环保主义不再重要是因为每个人都是环保主义者。事实并非如此,在接连不断的社会危机和由诽谤主导的意识形态

(经济神话学对此功勋卓著)的影响下,环保主义的确在倒退。环保怀疑主义者无视20世纪60—70年代民权的提升,也不顾80年代以后的科技进步,他们执迷不悟,其谎言也在逐步升级。

首先,他们宣称生态危机是出于意识形态的夸大其词;然后,他们表示即使生态问题看似严重,也可以通过市场和经济增长自然而然地得到解决;否则,缓和生态危机需要付出沉重的经济和政治代价。

这样的修辞策略让我们想到弗洛伊德在《诙谐及其与无意识的关系》中设想的一个比喻:某人借了一口锅,当他还回去的时候发现锅底破了一个洞,不能再用了。借锅的人会依次用以下的理由为自己辩护:

1."我从来没有借过锅。"(生态危机并不存在。)

2."我归还了一个完好无缺的锅。"(生态危机是存在的,但是经济增长和市场可以让我们幸免于难。)

3."我借锅的时候,这个锅就是破的。"(当前面两个谎言都被识破后,第三个理由粉墨登场:生态危机的确存在,市场和经济增长无力解决,但是如果花费更大的力气去缓和生态危机将会影响我们的经济甚至民主。)

气候怀疑主义者几乎如出一辙,20世纪80年代初以来,他们辩词的性质随着科学认知的进步在不断地改变:"气候变化乃无中生有"(20世纪80年代);"气候变化是存在的,但是原因不是人为的"(20世纪90年代);"有人为的原因,但是能源市场可以解决这一危机"(21世纪00年代);"解决气候变化这一难题意味着难以承受的政治经济成本"(21世纪10年代)。

结果,我们在这些过时的辩词上浪费了太多宝贵的时间,却没有提出对未来真正有价值的问题,比如,生态危机的社会原因及后果是什么。确切地说,这就是环保怀疑神话学的阴谋:竭尽全力拖延选择。但选择的钟声已经敲响。

神话1:生态危机是出于意识形态的夸大之词

许多科学研究证明,生态危机在近30年不断加剧,这为我们敲响了警钟。但是,生态怀疑论的神话却故意贬低这些科研成果的意义。他们宣称生态危机自古存在。苍天之下,该发生的早已发生。

当然，没有人否认，在地球演变的历史长河中，气候变化已经发生，有时甚至是突发性的。这些变化对当时地球上的物种造成了毁灭性的影响。"在不那么遥远的从前，地球——我们的家园就是一个火球或者一片广阔的冰川"，这种想法真的可以自我安慰吗？我们是否应该从一个相反的角度来思考呢？正是因为我们了解历史上的气候变迁，所以才更要努力去缓和21世纪出现的气候危机。

生物学家以同样的方式明确地告诉我们，当前生物多样性面临的危机也不是史无前例的。历史上的物种大灭绝几乎摧毁了所有顽强进化到当时的物种。气候、生物多样性和生态系统三重危机将会导致地球越来越不适合人类居住——灾难已经开始。当代的生态危机不仅后果严重，其发展的速度也超乎寻常：在这样的节奏下，我们没有时间去适应新的生存条件（有些条件是前所未有的）。我们可以追溯地球漫长的演变史，但决不能低估我们今天有幸掌握的科学认知：应该以史为鉴。

在这些谎言中还有一个荒谬的观点：如果全世界的专家都不追求科学进步，那么他们可能在联合反对自由主义,让在 20 世纪 70 年代末被放弃的国家领导主义死灰复燃。生态主义或许是左派为了与自由资本主义对决而设计的大阴谋。如果生态危机仅仅是这样……迫使我们进行深度改革的不是对生态危机的担忧,而是生态危机的现实,仅靠市场和经济增长的力量是不够的。

神话 2:生态危机迫在眉睫,市场和增长是真正的解药

聪明的人类最终能兵来将挡、水来土掩,应付各种挑战。乍一听,这个信仰确实受用:谁不愿意相信人类最终会摆脱各种困境,甚至走出他自掘的坟墓呢?然而,一旦我们明白,这样的说法不过是为了维持经济现状,它就不那么讨喜了。这种论调宣称市场的自发运行能解决生态危机,不需要公共权力(比如通过税收制度)的干预,干预绝对是有害的。我们还记得,所谓的"有效市场"理论被应用在近几年的金融问题上,并没有绽放出成功的异彩……

以石油市场为例,目前的战略是否意味着气候危机

正在加剧呢(也包括对石油国家)?由市场决定的石油价格会激励人们去寻找新的替代能源吗?不会,事实正好相反:石油价格在2014—2015年突然大幅下跌,极大地影响了可再生能源的发展,其价格也一落千丈。石油市场不但没有像理论所预测的那样促进能源的更替,反而阻碍了其发展。

原因很简单:2014年,由于中国经济减速,全球对石油的需求下降;而从供给的角度,以沙特阿拉伯为首的石油输出国组织拒绝减少石油的产量。沙特王国深陷美国的双重制约:第一,页岩油的发展足以支撑全球供给,但对原油造成竞争;第二,美国可能改变与沙特的同盟关系,与伊朗联手。于是,石油价格下跌;与此同时,环保能源部门的经济效益也在下降。

这些问题不容忽视,因为它们再一次证明在所谓的竞争性市场上,经济和政治的关系盘根错节,但是它们与气候变化无关,后者更加值得关注。很明显,不能指望石油市场释放走出气候危机的价格信号。

第二个例子是煤炭市场,同样,它无法解决生态危机。新兴国家的煤炭消耗量巨大(其用煤量也越来越大),以致这种排放温室气体的能源成了全球最大的污染源(超过石油)。煤炭尽管价格低廉,却是环境和健康的杀手。如果公共决策者不果断地采取措施,煤炭污染将在局部或者全球继续肆虐,成千上亿的亚洲人将面临疾病和死亡的危险。煤炭市场不但无力解决,反而加剧了生态危机。

如果化石能源无法通过市场的自发调节达到具有生态意义的价格高位(远远超过目前的价格),经济发展就不会自动地阻止环境的恶化。然而,这个古老的神话生命力顽强,最近还登上了《经济学人》周刊[①]的头条。不过,已经有大量的学术研究和实地调查对它进行了批评和抨击。

该论文的理论支撑是库兹涅茨曲线。库兹涅茨(Kuznets)在 20 世纪 50 年代提出在经济发展和收入不平等之间存在一个倒 U 曲线。如果将该理论用于环境问题,可以推理如下:在经济发展的初期,环境会遭到破坏;但经济发展到一定程度(以人均收入为标准),环境问

---

① 《经济增长如何阻挡物种的灭绝》,《经济学人》,2013 年 9 月 24 日。

题自然能得以解决。比如,温室气体的排放首先是上升阶段,在到达顶峰后,随着生活水平的改善,生产设备的现代化,温室气体的排放会不断下降。其他环境问题也同理可推。

我们清楚地看到,如此的假设是没有说服力的。首先,二氧化碳的排放量不会在经济发展的某个拐点奇迹般地下降;相反,它会继续上升(世界上很少有国家能在保持经济发展的同时减少二氧化碳的排放量)。其次,二氧化碳在某个国家(如法国)排放量的下降并不意味着真正的减排,它只是被转移到地球的另一个地方(采用排放国和最终使用国两个指标计算的二氧化碳排放量有相当大的差距,就法国而言,该差距达到30%)。最后,或许也是最重要的一点,排放量一旦超过某个临界点,气候危机就会变得难以控制,即使排放量已经开始下降。

我们不能简单地用经济发展的不足或者过度来解释环境恶化的原因:从根本上说,环境的破坏应该归结于人类发展的不足和"有效机制"的缺失。只有当生产和消费机制朝着共同的目标转型,生态危机才有可能被缓和到一个从人类福利的角度看可以接受的水平。这需要有意识的民主决策,仅靠经济奇迹般的自发调节是不行的。很明显,在 21 世纪初,国内生产总值的增长无法应对当今的两个主要危机:不平等和生态危机。

同理,认为科技的发展能自动实现生态转型也是不现实的。如果科技创新在一个民主控制的价格体系下,它将会起到积极的作用(如德国的能源转型)。另外,社会创新(主要在局部范围)在促进能源转型方面正在或即将扮演至少和科技创新旗鼓相当的角色——我们想到了真正意义的"共享经济"的各种模式。

但是,超越经济激励和市场机制的层面,我们如何在不摒弃政治自由主义和民主的前提下约束人类的行为呢?

神话 3:如果不放弃自由主义就无法改变经济行为

事实是这样的:自由的民主以保护个人自由,尽可能不要干涉公民的行为和态度为主旨,不需要告诉自由的公民应该做什么、想什么。然而,要解决生态危机,无可非议的前提是要彻底并立即改变公民的行为和态度。因此,某些公民担心自由受到侵犯实属合情合理,而当代的神话学家动不动就给环保政策贴上"专制"的标签,却是对以上担忧的滥用。

其实在很多国家,个人行为在生态保护和社会利益方面已经有所进步,并没有出现所谓的"绿色专政"。

尤其具有说服力的一个例子是法国的垃圾分类,该行为在不到十五年的时间里成为了法国的环保创举。今天,平均90%的法国人进行垃圾分类(各个地区的政策和实践差别较大)。垃圾分类的行为与自由主义哲学是完全可以兼容的,集体的规则和个人的责任合二为一。当然,法国在以垃圾为主要能源的再生和循环经济方面还有很长的路要走,但这条路是绝对可行的。

还有许多有效的环境政策,在通过以经济为主的激励机制让社会走上共同利益道路的同时,也保护了公民的个人自由。正是这样,北美的"酸雨"事件才逐渐平息[①]。正

---

① 北美跨境酸雨治理机制借鉴区域贸易机制的经验和模式,以处理环境机制中出现的各种问题,弥补环境机制的缺失,促进环境问题的解决。——译注

是这样,《关于消耗臭氧层物质的蒙特利尔议定书》①才获得了轰动性的成功,它在维护国家主权的前提下有效地组织了国际合作。这也说明国际条约越是平等互利,就越能达成一致。从18世纪起,环保主义就被想象成政治自由主义的劲敌,其实不然。当代环保主义的目标是赋予政治自由主义时间的深度,治愈民主制度的近视,让它既能看清眼前,也能展望未来。如此这般,环境政策也可以促进创新和就业。

神话4:环保主义是创新和就业的敌人

环保政策(如法国的能源转型)的目标可以与加速创新和发展就业完美兼容。尽管经济学没有绝对的真相,但这不是一个武断的观点,而是经过严谨论证的结果。在事实证据面前,宣称环保主义可能会加剧贫困的神话不堪一击。

---

① 该环境保护公约签署于1987年,旨在共同保护臭氧层,淘汰消耗臭氧层的物质,是有史以来首个联合国197个成员国全部参与的国际公约。——译注

首先,我们发现环境约束最多的国家也是创新最有活力的国家,比如芬兰、瑞典和荷兰①。原因是环境的约束(这的确是一个约束,正如社会公平的目标是教育政策的约束)可以成为创新的杠杆。

几乎所有的研究都表明环境法规的力度(通常用执行成本来衡量)与创新(以研发费用或者专利数量为主要评估指标)之间呈正相关,并强调二者的关系是可变的,因为它主要取决于所实施的经济激励的性质②。换言之,环境法规似乎可以激励创新。这并不奇怪,前提是我们不能把生态转型当成一个让企业窒息的铁屋子(在法国,如此夸张的说法被人云亦云地流传);生态转型应该被看作对人类智慧的挑战,事实的确如此。

那么,生态转型与就业又有怎样的关系呢? 以法国

---

① Aniel C. Esty et Michael Porter, «National environmental performance: an empirical analysis of policy results and determinants», *Environment and Development Economics*, 2005, p. 391—434.

② Stefan Ambec, Mark A. Cohen, Stewart Elgie et Paul Lanoie, «The Porter Hypothesis at 20: Can Environmental Regulation Enhance Innovation and Competitiveness?», *Review of Environmental Economics and Policy*, 2013 年 1 月 4 日网络版发表。

为例,首先我们观察到环境部门比其他部门创造了更多的就业岗位:2004—2010年,"环境部门"(自然资源管理等)的就业增长不低于20%,即每年上升3%,而其他部门的年增长率仅有0.5%(环境部门的就业增长率是其他部门的6倍)。就整个欧盟而言,2000—2012年环境部门的就业岗位增加了50%,增速是成员国其他部门的10倍。绿色经济①应该有相当不错的发展前景:在创造就业方面,我们能否对法国的能源转型寄予厚望呢?

最近的两项研究可以回答这个问题。首先,经济学家菲利普·基里翁(Philippe Quirion)的研究表明,大幅降低二氧化碳的排放量,发展可再生能源有可能在2020年创造约24万个岗位,2030年甚至可以达到63万(该研究测试了生态转型对不同假设的弹性,推导出在任何情况下,能源转型都对就业产生积极的影响)。另一项研究采用了不同的方法,却得出了相同的结论——能源转型

---

① 我们没有使用"绿色增长"这个词,人类社会的最终目标不是 GDP 的增长,因为它既不能反映人类的福利,也无法带来可持续的发展。

在创造就业方面潜力无穷。法国环境与能源管理署(ADEME)①与法国经济形势观察所(OFCE)的合作研究表明能源转型将在 2030 年创造 33 万个岗位,2050 年将达到 82.5 万。

这些预测看似过于乐观,该如何理解呢?像能源转型这样的结构性改革在摧毁某些行业岗位(如矿石燃料的生产和配送)的同时,也在其他行业创造新的岗位(主要是可再生能源和公共交通)。因此,只有将二者相加才能得出能源转型净创造的岗位数量。为什么创造的岗位比摧毁的多呢?主要原因是低碳经济转型支持的产业部门需要投入更多的劳动力。此外,能源转型还能改善对外贸易平衡,比如,法国目前大量进口矿石能源,如果用本土的可再生能源替代矿石能源,不仅意味着主权的回归,还意味着经济净收益的增加。

但是,我们不能过于强调公共政策(尤其是税收激励)在能源转型(更广义地说是生态转型)中的重要性。如果

---

① 法国环境与能源管理署成立于 1991 年,隶属法国科研、环保和高等教育部门。——译注

使用恰当,税收激励可以降低产业结构改革的巨大的经济成本。最主要的问题在于通过税收制度设定污染能源的"真正的价格",并通过价格媒介改变人们的经济行为。

以丹麦和瑞典为代表的北欧国家为我们提供了一个参照:它们率先开征环保税,并通过近几年的发展,在世界上居于领先地位。征税的重心从收入和就业转向了能源,无论从经济角度还是社会角度,北欧国家的生态转型都是卓有成效的。

瑞典的数据很有说服力:1996—2006年,瑞典对就业的征税下降了8个百分点,而对能源的征税增加了12%,政策效应使经济的能源含量下降30%,温室气体的排放量减少15%,失业率从9%下降到6%。生态转型的确应该是一个社会转型。

神话5:生态转型是富人的事情,是社会不公平的代名词

有人说只有富裕的社会阶层才去忧虑环境,只有他们才是生态转型的受益者。我们如何看待这种观点

呢？的确，从整体上来说，为环保政党投票的选民都具有较高的社会地位，受教育程度更高。但是选举环保政党的社会阶层并非真正受罪的社会阶层，二者不可混为一谈。事实上，穷人比富人更容易受到环境恶化和生态危机的侵害，因此他们更应被看作是生态转型的赢家。

2015年春，在印度发生的高温灾难就是一个悲剧性的例子：高温肆虐，最遭罪的是穷人，因为他们白天不得不在烈日下劳作，晚上不得不露宿街头，他们比富人更难获取水、食品和医疗资源。无论在发展中国家还是在发达国家，生态危机的影响都具有阶级性。

社会的不平等酝酿着生态危机，生态危机反过来又加剧着社会的不平等。弗朗索瓦教皇在最近发表的通喻《荣耀归于你》中恰好谈到了"唯一的危机"："最根本的是寻找系统性的解决方法，不仅要考虑自然系统之间的互动，还要考虑自然系统与社会制度之间的互动。环境危机和社会危机不是两个独立的危机，而是一个合二为一的、错综复杂的社会-环境危机。"

因此，我们应该发明"社会-生态转型"这个词。我们或许应该将转型中的生态、经济和社会问题作为一个系统来考虑,比如从不平等危机和生态危机的关系着手;在"社会-生态转型"中,必定有新的风险,它需要由新的制度来识别、分担和控制。环保政党应该和其他所有的政党和协会形成同盟,共同厘清社会-生态问题之间的复杂关系,制定出能回应新挑战的公共政策[1]。

---

[1] 对社会-生态问题感兴趣的读者可以参照 Éloi Laurent, *Le Bel Avenir de l'État-providence*(《福利国家的美好未来》), Paris, Les Liens qui libèrent, 2014。

下 篇

许多实干家自以为
不受任何学理的影响,
却往往当了
某个已故经济学家之奴隶。

———约翰·梅纳德·凯恩斯,
《就业、利息和货币通论》

前　言
论批评经济学

经济学家对公共讨论的影响力越来越大,而他们之间的对话却越来越少。人们可能还不知道:在经济学学术刊物中,对研究结果的讨论日渐式微,质疑的声音也愈发寥落。但情况并非一贯如此。在20世纪上半叶,旨在对别人的研究结论提出异议的发文数量逐年增加,到1970年已占学术发文的四分之一。当时的经济学家彼此认识,相互对话,互相反驳。争论层出不穷。如今,因循守旧取代了沟通交流:在影响因子排前五名的经济学杂志(均属于盎格鲁-撒克逊国家)中,仅有1%的发文是对以往研究成果的批评研究。所以,经济学家之间再也没有名副其实的学术讨论。

和上述变化完全吻合的是,如今相当大一部分的经济学著作都注重经验研究,几乎没有理论分析。当今四分之三的论文都在通过数据去验证既有经济学模型的有效性。换言之,数据泛滥成灾,在数据的掩护下,最有影响力的经济学分析几乎不存在了。

以下两种解释必居其一:要么经济学已经达到揭示真理的最高阶段,自然无可非议;要么生产和传播经济学知识的官方体制已经严重瘫痪,只是形同虚设。我们不妨谦虚一点,选择第二种假设,并在本书一开头就承认:在我们的集体选择中,任由一种占主导地位的经济学思想驾驭是根本不理智的,尽管这种思想具有一定的可靠性,它经过了精密的计算,却难逃历史的局限性。经济学研究是一项太过重大的任务,难以托付给经济学家。

最近的一个事件可以证明这一点。大规模失业是严重的民生问题,在法国尤为明显;人们的生存受到威胁,越来越多的人长期处于一种不稳定的生活状态。但令人惊讶的是,大规模失业现象并未以不可阻挡之势无休止地在法国蔓延;近期的失业率已经在逐步下降,有时甚至降幅显著,降速惊人。当今政府肯定地认为:抑制这场社会灾难的灵丹妙药是"劳动力市场的灵活性",即强制性削减社会保障;因为在他们看来,社保负担给企业招聘造成了无法逾越的障碍。如果要探讨这项经济政策的可行性,公众必须事先了解并承认以下三个事实。

首先,这个观点并不新鲜,至少在1931年就已经出现过。当时,法国经济学家雅克·鲁夫(Jacques Rueff)认为,英国在1929年经济危机之后出现的就业不足应该归咎于当时刚萌芽的失业保险制度[①]。其次,法国一直在推进劳动力市场的"灵活化",但失业率在近四十年来从未显著下降。20世纪80年代末、90年代末以及21世纪00年代中期,在各种因素的共同作用下,失业现象的确有所缓和,但没有哪一次和社保缩水有关。近几十年,法国的劳动法在员工权利方面也有所松懈,但它对缓解失业却没有明显的效果。最后也是最重要的一点,在20世纪90年代末,正值"减少劳动时间"政策实施之时,法国

---

① 几年后,雅克·鲁夫的观点遭到凯恩斯的反对,这在凯恩斯对20世纪30年代经济危机的宏观经济学分析中有所体现。

的失业率经历了四十年来最显著的下降,这一巧合绝非偶然:不少权威的研究得出,仅"减少劳动时间"一项措施就创造了约 35 万个就业岗位①。

然而,2014 年诺贝尔经济学奖获得者,著名经济学家让·梯若尔(Jean Tirole)的一本新作成为了媒体的焦点。他在该书中写道,"减少劳动时间可以创造就业"这一观点"既没有任何理论基础",也"没有任何经验依据"。他还在一次电台采访中补充道:"这项政策是荒谬的,所有的经济学家都这样认为。"法国正面临着严重的社会危机,梯若尔在公共讨论中发表这种显而易见的错误判断,实际上违反了职业道德。"减少劳动时间"作为一项众所周知的就业政策,其理论和经验依据都经过了严格的推敲。经济学家在这个问题上见仁见智,各抒己见,所有经济学思想皆应如此。

就这样,法国经济学界的巨擘就本国最严重的经济问题表达意见的时候,以不容置疑的口吻公开发表了两

---

① 这只是一个最小值,有的研究认为"减少劳动时间"创造的就业岗位高达 50 万。

句谎言。就这样,以"经济学"的"中立"之名,真理在偏见面前消失殆尽,经济神话学取代了推理论证。这不难理解,问题无关个人,而关乎一种态度,一种站在伪科学性的高度封杀讨论的态度。这种伪科学性无视对学术严谨的基本要求,而后者正是学术权威的基础。

经济学的唯科学主义式偏航并非顽疾,亡羊补牢为时未晚。现代经济学曾经被称为"政治经济学",而非"经济科学"。在20世纪初,经济学一度以为能与其母体——哲学断绝关系而成为"经济科学"。从此,一方面经济学科以数学为语言,以统计为论据,它得到了形式的保证;但另一方面,经济学忽略了公平和长远的核心地位,急功近利地追求即时效率,它失去了实质的意义。所以,在金融乱象、不平等危机和21世纪初广受关注的生态挑战面前,经济学才会不知所措。但如果我们连受到同行认可的经济学家都不能信任,我们能信任谁呢?如果经济学对其自负的缺点如此视而不见,我们还能信任什么呢?

该信任谁?最不该信任的就是那些凭一句话就想骗取信任,却既没有理由也无法让人信服的人。那些想用权威观点来平息争论的经济学家总有一个不可告人的动机。经济学家、所谓的经济学家、自封的经济学家(他们大多活跃于广播和电视)都喜欢用以下句式开启他们的高谈阔论："经济学家们都说"，"所有的经济学家都知道……"，"经济学告诉我们……"。他们招摇撞骗，唯一的目的是借助经济学让自己的偏见被他人认可[①]。

该信任什么？什么也不要相信，应当存疑、质问、选择。与其冥顽不化、固执己见，不如始终怀揣好奇之心，秉持怀疑的态度，让经济学与其他学科并驱争先，后者也许技术性欠缺一些，但往往更有深度。总之，经济学应该经受讨论的考验。

以上就是下篇所要呈现的，即循着《经济神话学》上篇的足迹与线索，和读者一起，在法国的这段关键时期，在公共讨论中肃清经济神话学的流毒。法国存在的问题不仅在于经济被误解或者政治被误读。更确切地说，政治被经济神话学误导，陷入了错误的选择，引起了公民的指责诟病。

---

① 他们倍感欣慰的是，目标达成了。

读到这里,您也许会抗议:经济学中还有许多错误观点,但这本书却因为意识形态的原因不予置评。的确如此。然而,本书将要解构的经济学神话尤其危险,因为它们已经(或者即将)影响到公共决策。

1
新自由主义神话学

新自由主义经济学表面上声称国家无能,暗地里却利用国家为私人利益服务。今天,新自由主义"割裂"传统、颠覆"禁忌",与"既得利益"斗争,似乎与保守主义势不两立。在现代经济社会,勇往直前的创业者在无情驱逐旧制度的既得利益的同时获取了丰厚的利润。技术革新让过去的中间商和旧资本主义的陈年堡垒一一倒塌,从而放开价格,使所有人获得最大利益。失业危机表现为被保护的"局内人"(以公务员为首)和被排挤的"局外人"(以年轻人为主)之间的对立。自此,社会契约让自食其力的劳动者(makers)和不劳而获的失业者(takers)正面交锋。

巧妙的骗局愈演愈烈。在新自由主义的话语中,失业者坐享其成,创业者铤而走险;富人受压迫,穷人得庇护;社会倒退变成了改革创新,正当权利被认为是特殊待遇;最后,可能也是最重要的——保守派成了进步分子,而进步分子成了保守派。

但出于一个"幸运"的巧合,全球化、欧洲一体化、技术革新、金融业的飞速发展等世界上所有的大变革都需要一个相同的政治纲领,这个纲领主要包括以下改革措施:缩减公共开支必不可少,减少社保权利不可或缺,放松对富人的征税势在必行。于是,一切都顺理成章了。新自由主义对其意识形态的宣传总是按部就班,这一点暴露了其保守性,尽管它戴着昭示着进步性的笑脸面具。让我们从"数字革命"开始,一起来揭开新自由主义的面纱吧。

神话1:我们正经历着一场史无前例的科技革命,社会模式应当立即与之接轨

近十几年来,新的信息和通信技术逐渐渗透,直至完全占领经济领域。这的确是事实,毫无争议。但我们首

先提出的问题是,这是一场真正的革命吗?它是否前所未有地改变了人们的实践和操作模式?如此的改变会让我们的社会重新洗牌吗?

有人说,在"科技界",言论自由不受约束,思想交流畅通无阻。然而,对于重视民主生命力的人来说,"科技界"的社会管控和政治监督已经达到了令人担忧的程度。美国国家安全局(NSA)的行为就是很好的例证,如果通信运营商参与合谋的话,数字网络可以用来监视数以万计的个人,并让他们三缄其口。国家用工业手段是无法做到的。如果我们知道互联网最初是美国军队的计划,会不会大吃一惊?在这个看似分权的世界,等级制度却出人意料地无处不在,几个大企业按照20世纪初的托拉斯模式共同瓜分市场。行业壁垒被严加把守,保护既得利益与违法行为并行不悖(比如一些起诉苹果和谷歌等科技巨头滥用垄断地位的案例)。在这个通力合作的世界,对彼此的关注本必不可少,但科技不停地中断现实世界,分离人与其所处的环境,却让他们现身于其他任何地方,时间碎片化和心不在焉主导着这个世界。在这个免费的世界,商品化却渗透到生活的每一个角落,直至最私密的空间。在这个透明的世界,税收不明已经成为常态,商业机密主宰了一切。即使在一起恐怖主义事件的调查中①,美国政府也没能说服苹果公司透露通讯数据,因为苹果公司不愿意泄露自己的商业机密。

更令人困惑的是,今天的新事物层出不穷,让人目不暇接;但旧世界的格局在数字行业却根深蒂固。以谷歌公司(信息产业 Top20 的情况也如出一辙)为例,70%的员工是男性;而在高管中,这一比例上升至 80%②。再说法国,以前门槛很低的数字行业如今也成了"贵族"的特权:83%的创业人才毕业于法国一流的重点大学,仅有 1%是自学成才;而在其他经济领域,55%的创业者学历低于高中。在传统工业领域,50%的企业由女性创立;而在数字产业,这一比例竟降至 20%。仿佛一丝旧制度的气息笼罩着数字革命。

科技革命的新技术至少是服务于人类福祉的吧?这

---

① 2015 年 12 月,美国加州圣贝纳迪诺市发生恐怖袭击。警方在犯罪嫌疑人的汽车内发现一部苹果手机,但美国联邦调查局(FBI)无法访问用户手机。于是,FBI 要求苹果公司恢复手机中的数据,却遭到拒绝。——译注

② 在硅谷的领导层,白种人的平均比例达到四分之三。

是一个值得讨论的话题。以罗伯特·戈登(Robert Gordon)为首的一些热衷于历史的经济学家指出,与家庭管道系统和电网在过去乃至今天对人类的舒适度做出的贡献相比,近年的技术革新(智能手机、社交网络、物联网)无疑是相形见绌的。更不用提虚拟技术带来的实实在在的危害,比如工作时间被迫延长、广告骚扰、工作与私人生活界限不清等等。我们惊讶地发现,尽管优步(Uber)等企业的生存依赖于一种相对简单的传统技术——GPS,但解释其指数式增长(毕竟在很大程度上是人为的)的却是税收和金融"创新"。

如今的美国硅谷既是一个高科技园区,又是一个金融中心,形成投机泡沫的风险系数已经达到最高值。人工智能、物联网、区块链都是全球金融家的必争之地,他们在2009年经济危机之后冒险发放了大量接近零利率的贷款。和1929年危机前的股票价格,或者2007—2008年经济崩溃之前的不动产一样,数字产业的融资、标价和资本化似乎已经完全脱离了真实的经济环境。我们记得,在2000年一场严重的金融危机中,数字产业遭受了重创,当时"互联网泡沫"的破灭来势汹汹,引起了美国经济的衰退。我们还观察到,能在一定程度上反映美国科技行业市值的纳斯达克指数在2016年1月与2000年1月持平,而在2000年的5000点之后紧接着就是股市的暴跌。这还不算最令人焦心的,更严重的是,数字产业里只有很少的公司上市,其融资方式五花八门,因此,这场潜在的金融危机更具隐蔽性。金融界预测下一场危机会发生在上海,其实危机可能就在旧金山爆发。

近期的一个事件充分表明了科技金融投机对实体经济的干扰越来越严重。和美国所有的基础设施一样,加利福尼亚的公共交通破旧不堪:和巴黎大区焕然一新的城市列车相比,在享誉世界的硅谷行走的加州火车就像是一辆破旧的、喘着粗气的古代马车。今天,乘坐火车从旧金山到洛杉矶至少需要十二个小时,比自驾还多四个小时;距离和巴黎—马赛相当,但从巴黎乘坐高铁到马赛最多只需三个半小时。于是,许多旅客选择乘坐飞机(仅需一小时),该航线的乘客量居美国第二,每年有350万旅客,二氧化碳排放量相当可观。面对气候变暖的危机,加州地区于2013年公布了一项投资建设高铁的计划。而亿万富翁埃隆·马斯克(Elon Musk)特意选定同一时间许下异想天开的承诺,要用每小时1100公里的超高速胶囊舱取而代之,让旅程缩短至半小时。结果,8000万美元的预算本可用于有效改善旧金山湾区陈旧且堵塞的公共交通,却被这项疯狂的计划吞噬了。

由此可见,"数字革命"问题多多,值得反思。但有人认为应该立即建立与之适应的社会结构,因为目前的社会结构可能被虚拟现实头盔和物联网冰箱这般奇妙的"创新海啸"彻底颠覆。他们认为,社会结构与"数字革命"接轨的必然性体现在以下几个方面。首先,不得不承认,所有的工作岗位,无论是客观存在的还是我们主观认识的,都受到了技术浪潮(信息技术,尤其是机器人技术)的冲击。2013年的一项研究估算美国近50%的岗位受到自动化的威胁(一个机器人代替一个人)。依据更为理性的假设(主要是对可自动化的任务和岗位进行了区分),世界经济合作与发展组织近期的一项研究表明,不同国家受到自动化威胁的岗位比例在6%和12%之间不等(法国接近9%)。以上两项研究的结论差距很大。其次,众所周知,工作的性质有可能会发生彻底的改变,雇佣性质的工作将不可避免地迅速衰落。技术革新飞速发展了10年,法国非雇佣工作的比例从9%上升至10.5%(正好回到20年前的水平)。由此可见,雇佣关系可能还不会这么快就消失。最后,也许应该彻底改变当前的社保模式,以适应技术领域的风云变幻,或者干脆转变为全民基本收入的发放,以应对未来工作岗位的消失。那些鼓吹翻天覆地变化的人往往就是从中获益的人。

我们清楚地看到,真正的挑战与经济神话学喋喋不休的完全相反:我们应该驯服数字经济,而不是被它驯服①。我们应该立即评估金融危机让整个社会承受的风险,只有少数狂热的技术主义精英从中受益。我们应该捍卫拒绝联网、从网络上删除信息以及保护个人信息的权利。我们应该完善税收制度,遏制不正当的行为,例如旧金山政府和巴黎政府不久前对公寓出租平台采取的措施②。我们应该武装社保制度,打击以优步为代表的"地下乘客"的资本主义;一旦优步的司机被认定为员工,那

---

① 按照正常的逻辑,应该是狗摇尾巴;尾巴摇狗的情况少之又少。
② 2016年旧金山政府和巴黎政府立法规定了短期租赁的天数上限。旧金山政府规定短期房屋租赁时间每年不得超过75天,巴黎政府将短期房屋租赁时间限制在120天以内。——译注

么它辉煌的"颠覆性商业模式"将毁于一旦。这里和别处一样,没有任何宿命:国家可以通过立法、激励和制定日程等措施出手干预。

神话2:欧盟规则不可改变,
我们应当严格遵守

2016年的欧盟确实令人担忧,即使与欧盟积怨已深的敌对者也不例外。虽然欧洲在二战后成功地通过经济联盟让各个民族国家言归于好,但是目前各国内部的和平还是受到了社会冲突的威胁,催生这些社会冲突并使其根深蒂固的正是欧盟经济的一体化。欧洲单一市场本应该团结各国人民,却让成员国之间的关系支离破碎,在这一点上,英国有过惨痛的教训[①]。经济联盟曾被认为是治疗战争创伤的解药,如今却变成了侵蚀民主的慢性毒药。

其实,下一份诊断书并不难:某种经济结构绑架了欧

---

① 2016年英国脱离欧盟的原因与欧洲单一市场给英国带来的负面影响有关。——译注

盟,使欧盟各国无法对遭受的冲击和面临的挑战做出共同的回应,迫使成员国做出被民众谴责的决策。由此产生了两个后果:欧盟凝聚力的崩溃和欧洲合作精神的倒退。欧盟领导人越来越难以共同面对当下的挑战,最终让民众确信他们集体无能。合作的精神因为受制于对规则的崇尚而走向灭亡。

然而,欧洲的历史和近期某些政治事件表明,这一切并非不可避免。我们应该承认,管理欧盟的经济规则具有双重危害性:一是阻碍了调控宏观经济的共同工具的应用(比如财政政策);二是放任了不合作策略①(如在征税和社保方面的竞争)的蔓延。欧盟条约极大地妨害了团结,助长了自私。21世纪的欧盟就如同一些小国的集合,他们互相竞争,投身于零和的博弈。在欧盟条约里,如此的竞争被视为活力的源泉,甚至可以让所有的成员

---

① 欧盟委员会现任主席让-克洛德·容克就是这些不合作策略的一个悲剧性例子。
2014年,大量文件披露卢森堡与多家大型公司达成税收优惠协议。曾任卢森堡首相的容克表示对此毫不知情,这一表态有损他的可信度,因为在欧盟国家维持公平竞争是他作为欧盟委员会主席的职责。——译注

国向最完善的社保制度看齐;而事实上,如此的竞争却导致了对企业和高收入人群征税的降低以及普通劳动者工资水平的停滞。此外,我们还将发现,如果说欧洲的竞争以"竞争力"的名义强行压低了穷人的工资,那么相反地,它仍然能以"竞争力"的名义抬高富人的收入(法国雇主协会恬不知耻地运用这两个论据,一方面证明汽车行业员工薪酬降低的合理性,另一方面又为管理层过度丰厚的收入辩护)[1]。

今天,我们认为欧洲走到这一步是正常的,但这是对欧盟的设想及其历史的否定。在 19 世纪末和 20 世纪初,欧洲成为社会福利最优越的大陆。当时,法国、德国和英国的福利制度各不相同,如何衔接和协调呢？各成员国踌躇满志,要在矫正社会不公方面比邻国做得更好,而不是在劳工保护方面做得更差。

所以,欧洲人生活在某种有毒的经济规则之下,这个规则既不是他们起草的,也没有经过他们批准。这个经

---

[1] 法国《劳动法》第二条规定企业签订的协议可以优先于国家或者行业的协议。这样的规定容易引起国内(同一国籍的企业之间)的竞争。随着该法律的实施,欧盟之间的竞争也上升到一个新的阶段。

济规则可以改变吗？当然可以。最近有几个案例足以证明。

第一个案例：某个欧盟机构通过重写规则证明了自身存在的必要性，从而保全了经济一体化的核心。这个机构就是欧洲中央银行，它不顾以行使一票否决权著称的德国的反对，一意孤行地决定在2012年夏拯救欧元，并同时宣布：必要时它可以违背欧盟条约。2012年7月26日，正值欧洲主权债务危机最为严重的时候，当时德国和希腊的负债率相差25个百分点，如此大的差距是难以维系的。欧洲央行行长马里奥·德拉吉（Mario Draghi）发表讲话，表示准备再次对那些处境最难的欧洲边缘国家给予直接援助。他还声称在其任期内可以完成这一使命，但这一举动却违背了现行条约的规则[①]。德拉吉指出，欧盟规则需要更多的解读，其精神内涵比文本含义留下的空间要宽广得多。为何不利用当前对欧盟规则变通执行的机会，重新思考财政赤字的含义呢？财政

---

① 著名的"不救援条款"特别禁止欧洲央行承担成员国的主权债务，即使成员国面临巨大的困难。

赤字的界定问题在欧盟内部引起了无休止的谈判,这里还有巨大的空间有待探索,尤其是关于欧洲加大公共投资的问题。

第二个案例:某个国家(确切地说是英国)出于自身利益的考虑,径自决定重新讨论欧盟规则。为达目的,它还对其他成员国进行了合法的敲诈。戴维·卡梅伦(David Cameron)在2015年达成了心愿。迫于威胁,英国的以下几点要求都将得到满足:在援助移民、税收等敏感问题上拒绝欧盟一体化,最后但同样重要的是,对伦敦金融城进行监管保护。然而,英国人认为这些让步还不够,在2016年6月群情激昂地开启了"脱欧"公投,局势令人眼花缭乱。既然欧盟规则已被修改,为何不能再修改一次呢?

第三个案例:一些成员国正心照不宣地重新考虑某些欧盟规则,尽管还没有将其正式废除。近年来,有关《申根协定》的事件就是一例。《申根协定》签署于1985年6月14日,旨在逐步实现1957年《罗马条约》规划的人员自由流动的目标。早在2001年美国"9.11恐怖袭击事件"之后,各国边境就开始重新设防,2015年叙利亚难民潮以及11月13日法国恐怖袭击事件导致了欧盟人员自由流动规则的中止。当然,《申根协定》也预见了这种可能性,但是中止自由流动的措施数量之多,让当初的设想成了一句空话。由此,我们认为欧盟规则可以与时俱进,所有的经济约束也可以灵活变通,我们不一定要盲目地遵照执行。2010—2011年,欧洲经济尚处于恢复期,而欧盟在公共财政方面的监管规则却被要求强制执行,其后果是欧洲经济再次陷入危机。

最后一个案例:2012年,所有的欧盟成员国一致同意修订共同规则,用了半年的时间缔结欧盟财政契约。但这份契约却不合时宜,使本就严峻的财政法规变得更加苛刻。

因此,从制度上看,拯救处境糟糕的欧盟还有一系列的可能性。然而,经济学神话却坚称最好集中力量进行国内改革,法国显然不在此列,因为法国是无法改革的。

神话3:法国是无法改革的

以下是证明法国无法改革的三段论:法国人的悲观、不幸和怀疑阻碍了一切改革;近几年来,没有哪次改革是成功的；法国可以无视法国人的意愿，采取强制性措施为法国人谋福祉。我们将逐个反驳这三个虚假的论断。

首先，法国人也许是悲观的、不幸的、怀疑的，这样一种沉重的心理病理学可能会封锁一切有益的改革，让法国的前景变得晦暗。经济神话学认为，法国真正的问题只有一个，那就是法国人的民族心理。他们从心理学角度考虑社会问题，默默地无视经济政策的失误和近年来政治风气的败坏。政治家借用病理学把自己应该在信任危机中承担的责任转嫁给公民：难缠的法国人自己造成了各种经济和社会问题，他们居然还敢抱怨！在欧洲，众所周知，法国的不幸首先是作为法国人的不幸。

然而，法国人并非始终是不幸的：我们隐约看到，法国人在个人层面上获得了某种真正的满足，而在公共层面上却表现出某种确定的失望，二者之间微妙的差别非常有趣。看来只要得到认可和重视，法国社会还有一些幸福的资源可以挖掘。

同样，法国人的怀疑态度也并非与生俱来。他们对法国的医院和公共服务抱有很大的信心。但他们对医院和公共服务的信任有多高,对政党的怀疑就有多深(更何况法国的政党并不重视公共服务和医院)。至于对未来的悲观态度,特别在经济层面,欧洲人都所见略同①。鉴于2008年以来欧洲对危机的管理不善,如何反驳他们的怀疑呢?

所谓的法国阻力终究没能阻挡近几年层出不穷的改革。退休制度改革的案例值得深思:1993、1996、2003、2007和2008、2010以及2014年的改革都修订了法案,每次改革都在削减退休人员的权益,而1945、1971和1972年的改革都旨在扩大或深化退休人员的权益。那么近20年来,半年一次的税收制度改革又如何呢?

仅仅最近两年,三项重大改革就已经生效并开始产生影响:法国行政区划改革②、第三者承付制③以及法国

---

① 只有四分之一的欧洲人认为未来经济会好转,勉强有30%的父母认为孩子未来的境况会比自己更好。

② 2016年,法国通过行政区划改革(la réforme territoriale)将本土现有的22个大区合并为13个。——译注

③ 法国的第三者承付制(le tiers payant)从2015年7月1日起对补充医疗保险补助金的受益人实行,2017年起普遍实行。病人看病时不必立即支付诊费,而由疾病保险账户和病人的补充疾病保险机构支付。——译注

跨行业协议①。

如果说这是法国人的惰性使然，有别于其他发达国家，那么别忘了美国用了整整四十年才对本国的医疗体制实施了一场缩手缩脚的改革，尽管其医疗体制在全世界是最低效的。

从20世纪80年代开始的国民教育改革是一项狂热的宏伟计划，它具有一定的启示性：对法国模式造成威胁的并非改革的缺失，而是改革的泛滥，以至于让法国的社会体制变得难以理解、不可预知，其合法性也被侵蚀了。

最后，有人认为，为了法国人的利益，应当将自由主义的经济改革强加于法国人。这一观点完全自相矛盾。"专制的自由主义"是一个矛盾语，其方法与本质冲突，以致走入了死胡同。另外，我们还会注意到，旨在让经济更加灵活的两项法案②都

---

① 法国雇主协会与三大工会（CFDT、CFE-CGC、CFTC）于2013年1月11日达成跨行业协议（accord national interprofessionnel），强制性规定所有企业必须为员工购买"补充医疗保险"，保险金由企业和员工各自分担50%。——译注

② 指2015年7月10日通过的《马克龙法案》（la Loi Macron）和2016年7月21日通过的法国劳动法改革案（le projet de réforme du code du travail）。——译注

动用了法国宪法49-3条款①这一最严峻的民主方式。还是慎重考虑"强制推行经济自由化"吧!

神话4:法国的公共和社会性支出太多,必须立即采取强有力的削减措施

这个神话有显而易见的理由:法国公共支出的比重难以支撑,国家入不敷出。法国的财政赤字已经持续了几十年,但这一次一定要大幅削减开支,刻不容缓。那么,这些不能承受的公共支出被用到哪里去了呢——公共服务(消防、警察)和社会性支出(教育、医疗、住房和反贫困)。人们有时认为(或者宁愿相信),在全世界最发达的国家,削减社会性支出可能很容易。这是一种误解,因为社会性支出不可削减,只能转移。医疗、教育和养老体

---

① 宪法49-3条款规定:"总理可以在部长会议审议后,就一项财政法案或社会保障财政法案的表决向国民议会承担政府责任。在这种情况下,该法案应被视为已经通过,除非在二十四小时内有不信任动议(motion de censure)提出,并根据上一条规定的条件表决通过。"也就是说,部长会议可以不通过国民议会表决,便可独自决定通过一项法案。这是政府面对迟疑不决、僵持不下的议会采取的破釜沉舟之举。——译注

系等总是需要资金的。真正的问题在于通过什么途径为这些社会性服务提供资金呢?

在这一点上,经济合作与发展组织的数据是具有说服力的:法国和美国的政治理念迥异,但事实上两国的社会性支出不相上下。社会性支出占国内生产总值的比重在大西洋两岸都在30%左右,这一比例将法国和美国分别排在经合组织国家的第一位和第二位。在德国、英国等排名其后的13个国家,该比例都在25%—30%之间。

如何解释法国和美国社会性支出水平的一致性呢?只需考虑个人支出和公共支出的总和。如果考虑到间接的公共支出(比如在美国司空见惯的税收减免),两国的"社会性净支出"绝对旗鼓相当。因此,美国的例子告诉我们:在不改变社会性支出水平的条件下,如果要在法国降低公共支出,就意味着加剧社会不平等——除非效仿墨西哥(墨西哥的社会性净支出大约为国内生产总值的8%,在经合组织国家排名最后),降低医疗、教育或者住房服务的水平。

因此,法国模式的特殊性并非公共支出的水平(国内生产总值的57%),而是社会性支出的互助程度。互助程度的下降势必导致经济效率的降低(美国医疗制度的开支是法国的 1.7 倍,却事倍功半);同时也会加剧社会的不公平(就法国最贫穷的 10% 人口而言,他们收入的 42% 是依靠社会性补助的;而就最富有的 10% 人口而言,这一比例仅为 0.6%)。此外,公共支出的突然削减很可能立即导致经济倒退,因为社会性补助已经占当今法国家庭毛收入的 35%(为了弥补 2008 年危机造成的损失,社会性补助有所增加,从而避免了危机的毁灭性影响)。当然,这并不代表法国的社会性开支问题找不到更加明智的出路,关键是要在减少社会性开支的同时减少社会不公平,也就是说,应该在税收责任和社会福利两个方面实现更加公正的分摊。

那么,支撑社会福利体制的税收压力又如何呢?和广为人知的传说相反,法国的税收和社保缴纳率在三十年来一直十分稳定,在国内生产总值的 40% 和 43% 之间波动(直到近期受紧缩政策的影响,这一比例才上升至 45%)。我们是否可以认为,社保部门的赤字是公共赤字的主要原因呢?答案是否定的:法国 94% 的公共赤字应该由国家负责,社会福利机构仅占赤字总量的 2%,地方政府占4%（同样,法国80%的公共负债应由国家负责,社保部门仅占公共负债的10%）。

归根结底,新自由主义受经济神话学的影响,其本质是自相矛盾的:它一边鼓吹世界发生了翻天覆地的变化,社会模式应当与之适应;一边发誓要推翻集体性的互助制度。它宣称未来飘忽不定,却又扬言要削减社保开支。如此矛盾的言论令人担忧,它只有一个后果,那就是社会排外主义。

神话5:社会救助有损福利体系,我们要像抗癌一样予以抵制

在各种社会性支出中,也许首先应该取消的是具有"恩赐"或者"施舍"性质的社会救助。这是一个残酷的玩笑。比如,最低收入是一种无需缴纳社保金的救助制度（不同于社会保险制度）,它体现了民族的团结,以及法国人决心互相给予的人性关怀,既不计私利,也不求回报。在法国,领取最低收入（每月200—800欧元）的人数（大约10%的人口）在2000—2008年有所下降,但是在2008—

2013年增加了20%，因为我们遭受了自20世纪30年代以来最严重的经济危机。因此，社会救助的总额从170亿欧元增长至240亿欧元（增幅为30%）：正因为如此，法国尽管经历了经济衰退，却幸免于约翰·斯坦贝克（John Steinbeck）在《愤怒的葡萄》中所描述的社会萧条。

幸亏有了社会救助制度，2008—2013年法国的贫困率增幅很小，仅从13%上升至14%。法国是贫困和社会排斥风险最低的欧洲国家之一，也是2008年以后贫困和社会排斥风险增幅最小的欧洲国家之一。至于骗取最低收入的个案，它仅占发放金额的0.3%，还不至于小题大做。其实，社会救助制度的真正丑闻具有很强的隐蔽性——那就是不救助：满足条件却没有申请社会救助的比例达到35%。由此，我们看到新自由主义言论对最低收入人群的心理造成了严重的打击。最低收入人群迫于压力，害怕蒙受社会羞辱而不敢争取自己的合法权益。

但愿对"救助之癌"的恶意讨伐在政界和媒体只是被视为"胆量"的表现，它反映了公共讨论的道德滑坡。经济学神话让公共舆论去抨击这些"既穷且恶之人"，的确令人悲哀。

2
社会排外主义神话学

随着欧盟的衰落,社会排外主义的思潮日益盛行,它声称外国人、移民以及移民后裔是国家贫困化的罪魁祸首。如何面对并回应这一论断呢?

最糟糕的答案之一,就是倨傲地运用经济理性来反驳,极力证明社会排外的政治纲领与大众舆论相左,一旦实施就会导致空前的危机。其实,欧洲选民已经对管理欧盟机构及成员国的经济学神话提出了质疑。正因为如此,他们才在社会排外政党的身上发现了可取之处,从芬兰到意大利,从英国到匈牙利,无一例外。今天,更确切地说是长久以来,欧洲选民认为自己陷入了超前的危机,所以他们从社会排外的思潮中看到了希望,以为这样能彻底地改变现状,构建更加美好的未来。将社会排外主义逐出经济理性的范畴,这才是送给它的最漂亮的政治礼物。

唐纳德·特朗普(Donald Trump)的竞争对手在2015—2016年的美国共和党初选中就试图采用这个策略。民粹主义竞选者势不可挡的崛起被视为法国2017年大选的一次彩排,我们至少应该从中汲取教训。反对者越是揭露社会排外论在经济层面的非理性(同时,他们承诺对富人大幅度减税并大规模削减社保预算),特朗普在选民眼中就越值得信赖。今天,似乎只有将经济学"逐出赛场",政治合法性才能得到保证。不管我们是否愿意,社会排外主义的政治纲领自有其逻辑。我们必须首先了解它的逻辑才能反驳或者解构它。这一逻辑起源于西方国家的急剧衰退。

神话1:西方在不可阻挡的衰退中没落

当前一个普遍的观点认为,全球化带来了地缘政治的重新洗牌,不久以前还处于被统治地位的新兴国家从中受益,而西方(即北美、欧盟、日本①、澳大利亚及新西兰,30多个国家,共约10亿人口)正在飞速地失去经济霸权。这一观点在很大程度上具有神话的色彩,它先后被新自由主义和社会排外主义言论引用,前者用来解释社会保障的缩水,后者用来解释民族身份的回归。

无论从哪个角度看,西方国家首先是全球最富裕的国家,并且遥遥领先。西方国家仅占全球人口的12%,而美国、欧盟和日本集聚了全球一半的经济财富以及世界70%规模最大的企业。然而,在21世纪初,国家的真正财富不在于工厂、机器和股票市值,而在于人类的发展和无形资本,即健康、教育、科研及公共服务。从这个角度来看,西方与其他国家之间的差距更为显著。

2015年,在人类发展水平排名前30的国家中,仅有两个不在西方国家之列。就该指标而言,发达国家与发展中国家在20世纪初出现了巨大的差距,这一差距在过去的25年间不但没有缩小,反而扩大了。从包括人力资本和社会资本的多维度衡量,经济合作与发展组织成员

---

① 因其工业化超前于其他亚洲国家,日本被归入西方国家之列。

国的国民财富是贫困国家的137倍(若只考虑物质资本,差距"仅为"90倍)。

此外,几年前便有人宣称,新兴国家(即中国、印度、巴西和俄罗斯,共30亿人口,占全球人口的40%)将成为世界的新主宰。但这些国家却因为不同的原因处境尴尬,其自豪感和威慑力大打折扣。今天我们发现,以化石能源为首的原料市价的波动和中国经济的减速对俄罗斯和巴西造成了致命的打击,而印度强劲的经济增长也难掩其人文发展的停滞、严重的不平等和越来越难以忍受的环境破坏。

"西方陷入了不可逆转的衰退,想要重振雄风,要么关闭国门,躲避让自己走下坡路的全球化;要么削减国内的社保开支,重拾国际竞争力。"这种经济学神话贻害无穷。它为人道主义的缺失提供了方便的借口,助长了最富裕国家在生态问题上不负责任的态度。最糟糕的是,它阻碍了西方国家的深思和反省:发达国家融入当代全球化进程的真正挑战是什么? 一方面,如何培育西方真正的财富和经济活力的源泉——社保制度和公共服务? 另一方面,尽管国际贸易的规则是由西方国家自己制定的,但是很多人并没有从欧洲一体化和全球化中获利。

如何在国内公平地分配国际贸易的收益,更好地保护这些利益受损的群体呢?

此外,这个经济学神话还助长了身份归属引发的病态焦虑。

神话 2:民族认同在全球化中有消亡之患

我们之所以迟迟没有进入民族认同的主题,是因为这一主题在法国 2007—2010 年的争论中已经被社会排外主义利用。这些争论的唯一价值是对法国人民族认同的构成要素进行了一系列的调查并公布了结果。结果显示:人权、法语、社会保障体系、文化与遗产是法国民族认同的支柱(按重要程度降序排列)。接下来,我们不再赘述保护在法国人眼中具有崇高价值的社保制度是何等的重要,而是逐一考察以上要素,回答法国的民族认同是否如社会排外的神话所言,正受到全球化威胁的问题。

法国是一个"尊重人权的国度"吗? 这取决于公共权力在移民(尤其是难民)政策中的参与程度。难民之所以选择法国,是出于对其价值观的了解与期待。根据专家的观点,当今法国的难民政策必须有所改进。事实上,近期大量的难民涌入欧洲大陆,法国政府却不打算承担自己的应尽之责。法国调解部门①近期的一份报告指出:"对外国人基本权利的尊重是一个国家捍卫自由和保护自由的主要标志。"该报告还详细地列举了"外国人在法国行使基本权利时遭遇的种种障碍",并衡量了"外国人名义上和实际上享有权利的差距"。如果说法国不足以被称为"人权的国度",其民族认同因此受损,那么追根究底,对此负责的应该是法国,而不是全球化。

可以肯定的是,法语(法国及其他法语国家的语言)在国际舞台上欣欣向荣。国际法语组织(Organisation internationale de la francophonie)的数据显示,2010—2015年,受撒哈拉以南非洲国家人口增长的影响,全世界说法语的人数显著增长,由2.2亿增长至2.74亿。短

---

① 法国调解部门(Médiateur de la République)成立于1973年,2011年被维权部门(Défenseur des droits)替代。调解部门是一个独立的行政机构,具有独立行使调查、控告、建议、命令、追诉和调停的权力。该机构的经费不受一般的财政监管,只有审计院有权审查。调解专员的职责主要是对中央及地方政府、行政部门、机构各个部门的监督检查,对公民提出的行政机关的不良行为督促整改。——译注

短五年间,因为非洲人口的增加,全世界说法语人口的增量几乎相当于整个法国的人口。文化与遗产同样迸发出新的活力,全球化促进而非阻碍了它的发展。世界各地的游客让法国的文化与遗产长盛不衰(法国人口数量为6500万,每年接待游客8500万,是世界上唯一一个游客人数多于本国人口的国家;全球最大的博物馆卢浮宫每年接待900万游客,其中80%为外国人)。由于观众的年轻化,法国影院的上座率在20年内增加了三分之一。法国影院的数量居欧洲之最,25年以来,法国国产电影一直保持着35%左右的市场份额。2015年有300部法国电影发行,创下历史最高纪录。每年秋季,400部法语小说,200部外国小说面世,这一现象在世界上独一无二。很难相信法国文化在走向衰落,更难以置信的是有人将幻觉中的衰落归咎于全球化。法国面临的真正挑战是:如何保障文化政策的经费?演员作为"间歇性工种"[①]的

---

① 在法国,由于行业的特殊性,演员被定性为间歇性工种(intermittent),他们获得失业救济的条件相对较低。比如,他们在一年半之内工作4个月便可领取4个月的失业救济,或在一年之内工作满6个月就可享受7个月的失业救济。这项制度在很大程度上解除了演员的后顾之忧,对稳定演员队伍起到了积极的作用。——译注

社保身份能否持久(他们将法国文化与遗产发扬光大,却不断遭受目光短浅的雇主协会的排挤)?法国引以为豪的文化资源无法在国民之间足够公平地分享,如何才能实现文化的民主化呢?

神话3:"移民"比穷人更受宠

当今世界正在经历严重的移民危机,欧洲(法国尤甚)只愿意承担一小部分的责任。联合国2015年的统计显示,在6000万难民与流亡者中(1945年以来的最高纪录),只有4000万留在本国,这意味着2000万难民将奔赴他乡寻求更好的生活。在这2000万人中,大约50万人抵达欧洲,其中主要是叙利亚难民①。在这50万人中,欧盟同意接收16万;而在这16万中,法国同意在两年内接收3万,至今却只有几千人被安置②。事实上,与社会排外运动大肆宣扬的相反,面对难民危机,法国选择

---

① 据统计,500万叙利亚难民流向毗邻国家,其中一半流向土耳其。
② 到2015年为止,总计8万人向法国提出庇护申请(包括2015年之前的申请),然而在德国,这一数字已达到100万,是法国的12倍。

了置身事外。

那么,为数不多的叙利亚难民在法国享有哪些社保权益呢?最近新增的庇护补贴在最低保障中是金额最低的(2015年的标准是每月204欧元),是成年残疾人补贴的四分之一,且比以前的标准有所降低。此外,庇护申请者享有医疗保障(全民医疗保险[①]或国家医疗补助[②]);根据情况,难民子女的入学问题可获解决。仅此而已。难民居无定所,一些民间协会经常曝光其简陋的居住条件并提供帮助,而法国当局却漠不关心。难民递交的申请在法国获批的几率比在其他欧盟国家要低得多(2015年只有30%的申请获批,而欧盟的平均水平为50%)。

真正的问题并非假想的"难民比国人更受宠",而是法国(它仍然被法国人和其他国家想象成一个"人权的国度")在严重的人道主义危机面前打算承担多大的责任。

---

① 法国全民医疗保险(la couverture maladie universelle,简称CMU)于1999年开始推行,旨在保证每个法国公民和在法国长住的外国居民得到全面和有延续性的医疗保障。2016年,法国推行PUMA(la protection universelle maladie)制度,进一步完善CMU。——译注

② 法国国家医疗补助(l'aide médicale d'État,简称AME)创立于2000年,可使居住在法国3个月以上的非法移民享受治疗。——译注

难民怎能和穷人相提并论:他们是穷人中的穷人,他们甚至失去了自己的祖国。

神话 4:移民是不安全的因素

移民与不安全之间有什么关系?在这个问题上,最深入的研究出现在美国,这不足为奇。尽管这些研究不能直接解释法国的情况,却有助于我们理解法国的社会机制。

美国是一个很有趣的例子,不仅仅因为它有丰富的移民史。美国在近两百年经历了大规模的移民潮:在美国,出生在国外的人口增长了 50%,占总人口的比例从 1990 年的 8% 增长到 2000 年的 11%,到 2010 年甚至达到了 13%[1](同一时期的非法移民增至原先的 3 倍)。然而人们不一定了解,与此同时,美国的暴力犯罪率下降了 50%[2],

---

[1] 这一水平接近 1910 年欧洲移民大潮创下的历史记录。
[2] 美国联邦调查局的数据显示,1990 年每 10 万人口中的犯罪案件达到 6000 起(历史最高);2000 年,这一数据回落至 4000,并在 2010 年降至近 3000 起。

其中侵犯财产罪减少了40%。在美国最大的两个城市——纽约和洛杉矶，移民激增，犯罪骤减：1990—2015年，纽约的凶杀率降至原先的1/10，洛杉矶则降至原先的1/4。

有美国学者指出，移民和犯罪的关系与普遍观点正好相反。很多人认为，移民因为在一些条件差的街区生活不稳定，从而更有犯罪的倾向。事实完全相反，移民创造了稳定的社会环境，它甚至可以成为对抗暴力的盾牌。让移民感兴趣的不是非法活动，而是就业岗位。他们更渴望在周边营造安全的氛围。

要了解法国的情况更为复杂，因为缺乏可靠的数据。因此，公共讨论中普遍对移民带着刻板的印象和固执的偏见。警察和宪兵仅公布被捕者的国籍，而不是原籍。因此，我们只了解被逮捕、判决和监禁的外国人的数据。这些数据具有欺骗性，一方面，存在方法上的偏差；另一方面，我们混淆了两个完全不同的人群：一个是外国人，另一个是移民及移民的后裔。

美国的例子告诉我们，应该更多地关注移民在法国生活的地区，以便分析可能影响治安的因素。众所周知，城市敏感区的外裔法国人是其他地区的两倍,是移民及移民后裔高度集中的地方:在城市敏感区 18 至 50 岁的居民中,50%以上是移民或移民后裔,而这一比例在法国的平均值仅为 20%。

最近,法国公布了关于城市敏感区治安情况的调查数据[①]。根据所谓的被害调查(直接要求受访者统计自己遭受的伤害),无论针对哪种犯罪类型(偷窃、身体暴力、威胁或侮辱),城市敏感区和同一城市其他地区的数据并无明显差别。法国统计及经济研究所(INSEE)在 2014 和 2015 年进行的"生活环境与安全"调查中采用的方法略有不同,其结果显示:在城市敏感区,侵犯财产(如盗窃车辆)的犯罪率比其他地区高 20%,但入室盗窃的比例反而更低(自行车盗窃案在城市敏感区明显更为普遍)。其他更加客观(统计已被确认的犯罪事实)的调查数据显示城市敏感区与一般街区的犯罪率并无显著差别,尽管城市敏感区居民的社会地位和生活条件远不如其他地区的居民(差距还越来越大)。

---

① 法国城市敏感区观测站 2016 年的调研报告。

神话 5：大量资金投入城市敏感区，却不见成效

普遍观点认为法国政府对城市敏感区投入了巨额资金。其实，相对其面临的困难来说，政府的投入实乃杯水车薪。2016 年，城市政策（politique de la ville）①获得 4.38 亿欧元的拨款，但是一旦平摊到 1300 个所谓"优先发展街区"（les quartiers prioritaires）②的 500 万居民（占全国人口的 7%）身上，客观地说，这笔经费与政府约 3800 亿欧元的总支出相比，显得微不足道。城市政策覆盖的街区享有 1.95 亿欧元的专属贷款，其中 4500 万欧元用于就业和经济发展。

这些街区在就业和经济发展方面处境艰难，2009 年的经济衰退和随之而来的紧缩政策更是雪上加霜。2014 年，"优先发展街区"15 至 64 岁居民的失业率达 26.7%

---

① 法国城市政策致力于提高城市凝聚力，关怀贫困街区，改善居民生活条件，促进区域平等。——译注
② 法国城市政策中的优先发展街区享受政府的优惠政策。——译注

(2009年为18%),而其所属城市的平均失业率却低于10%。受经济危机的影响,"优先发展街区"失业率增长的幅度为其他地区的两倍。即使高校毕业生也不能幸免,尽管在法国其他地区,受教育水平越高,失业率就越低:以受过两年高等教育的毕业生为例,"优先发展街区"的失业率是其所属城市市中心的三倍(前者为18.8%,后者为6.5%)。"街区效应"对失业率的负面影响非常显著,甚至消除了移民和非移民的差异:在"优先发展街区",移民和非移民的失业率几乎相等;而在法国其他地区,二者的失业率差距很大。敏感街区似乎在底层实现了移民和非移民地位的平等。

综上所述,政府的扶持政策和城市敏感区的需求显然脱节了。再举一个典型的实例,本世纪00年代初启动的城市改造计划[①]在2004—2014年获得了一笔可观的

[①] 法国在2000年启动了大规模的城市改造运动,主要是通过"拆除-重建"的方式,即一方面拆除部分不符合居住标准和舒适度要求的住宅,另一方面进行重新建设,既包括原地区的重建,也包括在一些"条件优越"的地段建设保障性住房,从而促使社会保障性住房更好地融入城市整体,促进人口在整个城市空间的重新分布,解决居住隔离问题。——译注

经费(120亿欧元),致力于改善敏感区居民的生活环境,但是对这些区域在经济和社会融合方面的困难①仍未给予足够的重视(尽管在2005年危机之前就已有相关提案)。公共权力并没有给予城市敏感区任何特殊的待遇:真正的关键在于实现区域平等——从消除敏感街区与一般街区的社会差距着手。事实上,由于没有得到足够的重视,二者的差距越来越大。

---

① 这些困难的一个重要维度是城市敏感区的居民与就业岗位的距离:一是地理距离,城市敏感区的就业岗位少,一般需要外出就业;二是社会距离,城市敏感区居民一般受教育程度较低,无法满足就业岗位的要求。参见埃卢瓦·洛朗等:《城市隔离与社会融合》,法国文献局出版社,2003年。(Éloi Laurent et al., *Ségrégation urbaine et intégration sociale*, La Documentation française, 2003.)

3
环保怀疑主义神话学

数字转型和生态转型引发的讨论自相矛盾,令人困惑不解。一方面是数字转型,在人们看来,它既势不可挡又不无裨益。本书开头已经谈到,我们完全可以对这种看法持保留态度。但对于另一个转型——生态转型,人们则认为它希望渺茫、花费不菲,目前条件还不成熟。各种论据都旨在推迟生态转型的到来:如果发展中国家拒绝参与,那么我们的努力就会化为乌有;人们既不愿意也没有能力改变自己的行为,生态转型只是白日做梦;生态转型的经济成本太高,所以无人问津。某些人甚至认为生态转型只有通过数字转型才能实现:他们真心希望,信息和通信新技术能让我们的经济体系实现可持续发展。对此,我们有理由表示严重怀疑。

首先,数字转型会消耗大量的自然资源:要给不断升级的"数据中心"(data centers)①和不断增配的各种仪器提供必需的能源;各种耗材会产生大量的废料和垃圾;贵重金属和稀土被过度开采等等。尤其值得一提的是,数字转型和生态转型对经济的导向是截然相反的:第一,数字经济是非物质化的转型,而生态转型是再物质化的革命。第二,数字转型在"云空间"失重,而生态转型则提醒我们,地球生态系统已经不堪重负,并呼吁我们为了自身的利益,最好在人类社会消失之前给地球减负。

环保怀疑主义神话学为反对生态转型的经济学论调提供了工具。它蒙蔽了我们的双眼,我们看不见生态转型不仅是众望所归,而且梦想可以成真。事实上,生态转型已经启航。

---

① 全球范围内"数据中心"的二氧化碳排放量持续快速增长,现已和民航的排放量持平。如今,"数据中心"消耗的电力占法国发电量的10%。

神话 1：发展中国家不愿参与生态转型，我们的努力将化为乌有

许多人认为，如果有必要进行生态转型，那么它应该和恩格斯的无产阶级革命一样，不能局限于一个国家。只有世界各国都参与其中，它才有意义。但发展中国家不是不准备为了环境而牺牲经济增长吗？为什么要把限制经济发展且终将前功尽弃的约束强加给自己呢？

首先，许多环境挑战只和我们自己有关。欧洲儿童，特别是法国城市中心的儿童呼吸的空气质量堪忧，但这不是中国人的责任。法国应该知道，损害孩子的健康要付出多大的代价，这与全球竞争压力无关。同样的道理，全民的食品安全问题是一个国家层面的约束，也是一个国家的选择。我们可以选择保护我们的河流、湖泊、动物、植物、景观……或者不保护，但在任何情况下，我们都不能用全球化的威胁来充当自己做出这一选择的借口。

不过，有些迫在眉睫的生态挑战的确是全球性的，首先是气候变化。如果占世界排放量 30% 的中国决定一

味地加快经济发展,占世界排放量10%的欧洲能做出的努力当然微乎其微。但与之相反,中国的态度是应对国内的生态挑战,积极参与到一场惠及全球的生态转型。世界二氧化碳排放量在2014年趋近稳定,在2015年有微弱下降。主要原因是中国排放量的降低,是中国经济减速(有意告别高速增长)和去碳化(减少煤炭的消耗量)增长共同作用的结果。中国民众为缓解各种污染向政府治理施加的压力越来越大,因为中国人已经明白,经济发展必须考虑后代的人文发展。

另一个新兴国家——巴西也在积极行动,在21世纪00年代实行了保护亚马逊丛林的国家政策,坚决制止世界性毁林。许多发展中国家对生态挑战都有了充分的认识,它们在本国做出的努力往往能惠及全球。另外,在一些至关重要的领域,某些发展中国家(城市)甚至超越了发达国家(城市),比如中国的风能和太阳能、巴西库里提巴市的城市规划以及哥斯达黎加的生态旅游。

所以,最富裕的国家不能以全球竞争为借口裹足不前,相反,它们必须意识到自己对世界应承担的责任。发达国家也是靠化石能源致富的,怎能对造成的生态影响视而不见？最发达国家建立了举世无双的创新研发体系,当务之急是增大对绿色经济的研发投入,以降低一些新技术(特别是旨在减少能耗和提高能源利用率的技术)的成本,用较低的费用,甚至免费地把这些创新成果转让给发展中国家——在减少温室气体排放方面,新技术在发展中国家更有用武之地。能源、气候、水和农业都是如此。在这些领域,法国有一些能促进全球可持续发展的专业技术。

此外,发展中国家绝对是全球生态转型的赢家,生态转型可能会减少不平等。在全球范围内,对自然资源的开采、运输和消耗越来越多,产生了大量的污染和垃圾,为此买单的首先是最贫穷和最弱势的国家。生态转型既非奢侈也非特权,而是一种必要;它不是喜欢升华物质需求的富裕国家的特权,而是关系着全球最贫穷人群的生存条件。如果说发展中国家的穷人对其环境忧心忡忡,那是因为他们属于社会弱势群体,将成为生态破坏的第一个牺牲者。作为生态的守护者,他们警告我们危机已经迫在眉睫,正如太平洋诸岛的居民警告我们:由于气候变化,海平面正在迅速上升。

神话2：人们声称愿意改变自己的行为，但事实并非如此

21世纪最主要的挑战越来越清晰，我们可以简单地表述如下：如何改变我们的行为和态度，去保护我们赖以生存的家园呢？问题简单明了，回答却纷繁复杂、令人气馁。有人列举了各种障碍、迟疑和顾虑；有人说这个问题涉及到观念、利益和体制。难道我们忘了"精诚所至，金石为开"吗？

随着环境问题的日益严重，人们的环保意识越来越强，表达的决心也愈发坚定。但是，在许多国家（如法国和美国），环保行动的进展却十分缓慢。以美国为例，2015年，56%的美国人表示环境保护应当优先于经济增长（只有37%的人持相反观点），但同年，美国人购买了1750万辆汽车，创下历史新高，其中电动汽车的比例不到1%。

行为的改变也可以有更加彻底的方式，历史上这样的例子不胜枚举。1973和1978年的石油危机是一个极少被研究的案例。当时，在法国甚至整个西方，能源价格的上涨催生了全方位的节能措施，最具标志性的就是延

续至今的"夏令时"。每年两次调整整个社会体系的时间标准,这已经成为一个习俗,目的在于节约某种稀有资源,我们还能想象比这更彻底、更大手笔的环保改革吗?我们不敢肯定20世纪70年代末对能源消耗的态度(即价值观和主张)是否有所转变,但行为的转变有目共睹。当时节能降耗的措施效果显著,但除了夏令制,其他措施都随着20世纪80年代中期石油价格的下降而被废除(比如,法国在交通和住建领域的能源消费显著回升)。但这些措施的有效性已经得到了证明。

最近有一个例子,加利福尼亚州决定在几个月内使城区的耗水量减少25%,因为干旱已呈结构化,威胁到数千万居民的生活条件。该措施规定,对人均用水量越大的地区实行越严厉的限制[①]。这项规定的实施成效卓著:加州居民2015—2016年的用水量减少了24%以上。但是2016年5月,加州州长杰里·布朗(Jerry Brown)没有选择继续这项政策使节约用水内化为人们的习惯,而

---

① 用水量最大的地区(往往是最富裕的地区)必须减少36%,而用水量最少的地区只需减少8%的用水量。

是决定暂停这项措施,理由是在厄尔尼诺季节性现象的影响下,气候条件暂时有所改善。人们重新开始慷慨地灌溉高尔夫球场……

我们完全可以改变行为,使之有利于地球生态系统,但改变必须坚持不懈。人类社会从未停止过改变的步伐,比如欧洲和美国率先废除了奴隶制,到19世纪和20世纪,世界上大部分国家都废除了这一制度。只有世界各国的行为和态度相互影响和激励,才能成就整个人类的根本性改变,因为巨大的经济利益和根深蒂固的价值体系千方百计地阻碍着人类改变的步伐。

生态转型也可以减少社会的不平等:在一个被不公平侵蚀的世界,转型被经济神话学视为权贵施加于穷人的新诡计,目的在于让后者做出牺牲。因此,当务之急是构建一个将环保、公平、就业以及社会保障等问题融为一体的宏伟蓝图①,实现人人受益的转型。

---

① 可参照埃洛瓦·洛朗、菲利普·博歇:《论社会生态转型:如何团结一致应对环境挑战?》,巴黎:清晨出版社,2015年。(Éloi Laurent et Philippe Pochet, *Pour une transition sociale-écologique. Quelle solidarité face aux défis environnementaux?*, Les Petits Matins, 2015.)

神话3：环保主义具有惩罚性

公共政策一般都鼓舞人心，环保政策却是一个例外，或许因为它具有"惩罚性"。但如果因此认为环保约束让法国经济背上了沉重的包袱，那就大错特错了。2013年，欧盟环保税总收入为3310亿欧元，相当于欧盟国内生产总值的2.5%，税收及社保总收入的6.3%；而法国的环保税仅占财政总收入的4.5%，国内生产总值的2%。环保税在欧洲税收体系中的比重持续增长了十几年，而法国在欧盟28个成员国中一直排名最后。

如何衡量法国人为生态转型付出的努力呢？我们将法国家庭、企业和公共部门在环保及自然资源管理方面的开支作为衡量的指标。2013年的数据为672亿欧元，仅相当于经济财富的3.2%。可见，现在说环保政策是"集体性惩罚"还为时过早。

相反，具有惩罚性的是非环保行为：工业污染对健康的损害、社会因依赖化石能源而不堪一击、食品安全问题引发的严重疾病……无一不是惩罚的实例。由于公共权力没有出台应对环境挑战的政策,受到惩罚的是全体公民。

杀虫剂的例子告诉我们:为了满足某些私人利益,经济学可以不顾大局、弄虚作假,虚报环保政策的成本,阻止众望所归的改革。计算杀虫剂的净成本应该将成本和收益相抵,供公共决策者参考,我们称之为"成本收益分析"。许多经济学研究仍顽固地认为大量使用杀虫剂具有积极的作用。然而一旦将杀虫剂对人类健康的直接或间接损害计算在内,如此的经济学假象就会立即破灭,因为社会成本是不可估量的。

其他环境挑战也同理可推:为了体现环保主义的惩罚性,经济学故意删减了环保政策带来的收益,仅将其成本公之于众,简直宛若儿戏。经济学无视当今民众对健康的认知,仍然否认过时的产能和消费模式造成的长期的社会后果,这是极不负责的态度。生态危机可以从经济学的计算中抹去,却无法从现实中抹去。

神话 4:能源转型代价太大

这种说法最近常被引用,目的在于让公众,特别是法国公众认为没有必要进行真正的能源转型。可再生能源也许不具备足够的"竞争力",难以保证我们今天所需的能源供应量。

一方面,我们应该减少当前的能源供应量,而不是维持现状。如果采取合理的措施,我们可以避免相当大一部分的能源消费:让商店通宵照明有什么用呢?在巴黎的地铁里,发光广告屏给乘客造成了视觉污染,又有什么必要呢?另一方面,如果可再生能源与任何经济逻辑都是相悖的,那它为什么能在经济萧条的全球环境下吸引巨额投资?各种报告显示2015年全球可再生能源投资创下了历史新高,总额达到3300亿美元,是2004年的6倍。过去10年,尽管石油价格突然持续下降,这不利于国家、企业和消费者能源选择的多样化,但可再生能源投资仍然呈爆炸式增长。

我们必须承认,能源转型进展缓慢:可再生能源在世界能源生产中所占的比例在40年里仅从1.9%上升至3.6%——尽管翻了一番,仍微不足道。这是因为可再生能源的成本过高吗?同样,一切都取决于计算方法的合理性。如果每种能源的利润和成本都被正确计算的话

(以核电为例,拆除核电站或废料掩埋的成本都应当进行时间贴现),最新结果显示,陆地风能比煤炭和天然气的成本更低,光伏比核能更为经济(之前的研究认为海洋风能比其他能源的成本都高)。

法国"负瓦特"协会(Association négaWatt)①用数年时间完成了一项极为专业的工作。该协会提醒公众及决策者,生产电力的成本实际应当包括"对生产工具的投资成本、运营成本(燃料、维修等)、装置拆除成本、电力生产对环境和健康造成损害的成本,最后是发电站接入电力系统产生的成本(或利润)"。一旦考虑了所有因素,能源转型的优势就明显多了。

也有研究表明,能源转型使化石燃料造成的局部污染(比如细微颗粒)和全球污染(比如温室气体排放)得到缓解,可再生能源的成本节约了15倍。

大气污染和可再生能源领域的世界顶级专家,斯坦福大学教授马克·雅各布森(Mark Jacobson)与他的团队

---

① 法国"负瓦特"协会成立于2001年,致力于在法国推广和发展"负瓦特"的理念和实践,以期降低对化石能源和核能的依赖,缓解经济发展对环境造成的负面影响。——译注

制订了一份转型路线图——2050年,全球139个国家和美国50个州实现100%使用可再生能源的目标。这项研究显示:能源转型将避免400万至700万例与大气污染相关的过早死亡,并消除气候变化的主要根源,同时创造2000万个工作岗位,稳定能源价格。该结果当然会引起争议(其实已经备受争议)。到2050年,法国的转型应该使能源消耗量减少35%。但是,据目前的估计,法国只完成了目标的5%,而挪威已经完成50%。

这并不出人意料:法国提出,2020年最终能源消费中的可再生能源将达到23%,可是今天最多只有14%的水平。2013年,法国在欧盟28个成员国中只位列第16名,下降了3个位次,低于欧洲平均水平(15%),被芬兰(36.8%)或奥地利(32.6%)等国家远远甩在后面。法国还沉溺于能源惰性中,如此的惰性越来越不经济。不过,法国环境与能源管理署(ADEME)和"负瓦特"协会也让我们看到了一些起色。最近出台的《能源转型法案》标志着某些方面的进步,但离目标还相差甚远。

经济神话学的最后一个理由:公共财政将为能源转型付出十分昂贵的代价。然而,根据国际能源署估计,各国政府为可再生能源提供的补贴是化石能源（2014年近5000亿美元）的四分之一。环保怀疑主义的经济学逻辑依旧呈现出"神话"的色彩。

神话5：环保行动的规模太小，所以处于边缘地位

全国性的生态转型容易引起恐惧和幻觉，所以小范围的环保行动更能获得自发的共鸣……比如一个周末的时间或者在某个地区范围之内。因此，有人认为，就算环保行动能和某些地区或者某些人的生活风格相适应，它永远也无法成为一个共同的标准。

持这种观点的人对埃莉诺·奥斯特罗姆（Elinor Ostrom）的研究不屑一顾。埃莉诺的研究结论显示，如果生态转型是"多中心的"，那么它就完全有可能实现。在这个不怎么讨喜的概念背后隐藏着一个简单却深刻的道理：国民不能坐等官方（政府、欧盟、联合国）来解决自己的日常问题（水、能源、食品）。相反，国民可以用自己的实际行动来启发公共权力以新的方式看待和解决问题。

他们这样做可以加强集体韧性,也就是抗冲击的能力:制度越是多样化,在危机来袭之时,全军覆没的几率就越小。环保行动绝不能被边缘化,只有从小处着眼,从局部着手,它才能砥砺前行,在社会上广泛传播。转型的前提是信任,而建立信任应当从局部开始(这是补充货币[①]存在的理由)。对于有机食品来说更是如此:在有机食品飞速发展的同时,常规农业和食品加工业陷入了深度危机。一些有社会责任感的农民早就说过常规农业应该被淘汰,因为它有损环境,危害健康。而他们长期以来被认为是温柔的疯子。

可见,为了实现生态转型,社会创新和技术创新同样重要。在法国,还有意大利、加州和印度喀拉拉邦出现了一些经济学的"地方性实验室":法国称之为社会和团结经济学(économie sociale et solidaire);意大利称之为公民经济学(économie civique)。这些新的经济学范式能更好地解释社会创新,而不是以伪经济理性之名来批评或者

---

① 补充货币是指在一群人和(或)公司之间达成某种协议,共同接受一种非传统的货币作为交易媒介。——译注

封杀社会创新。尽管如此,继全国性紧缩政策之后,法国仍需提防地方性紧缩政策对在转型中新生的生态系统造成破坏。

后　记
走出经济神话学

　　罗兰·巴特在《神话学》中诠释了某些消费品(汽车、洗涤剂等)如何借用"人类的神话"进行推广,从而将这些神话转化为商业的工具。自工业社会以来,经济学权力一直将神话修辞术作为"芝麻开门"的咒语,成功地渗透并占领了我们的想象。与以往最根本的区别在于,经济学权力借用的不是"人类的神话",而是经济学神话。

　　在《神话学》的结尾,罗兰·巴特揭示了神话的作用,并得出了一个特别具有启发性的结论:"神话是一种去政治化的话语。"各种神话共同构建出看似自然的"虚假的明显",设计了一个"因为没有深度从而没有矛盾"的世界。既可以公开揭露,也可以悄悄掩饰——这就是神话的作用。

通过本书的具体例子,我们看到:当代法国的经济学神话占领了人们的思想,它最主要的作用是转移公民的注意力,让他们远离真正的,需要忧患且勇敢面对的挑战。当今的经济神话学是政治的骗局。

本书所揭示的经济神话学构成了 2017 年法国大选期间公共讨论的脉络,这样的现状令人不安。其实,这些神话从 2012 年 5 月①就已经笼罩法国。经济神话学先后三次登上法国的舞台。

首先是"稳定性信用"(crédibilité stabilisatrice),经济学神话蛊惑新上台的政府相信,能否以更低的市场利率为法国的公共债务筹措资金,取决于法国能否实施比欧盟规定更加严厉的财政整顿。我们如果考察法国 10 年期国债的利率变化,就会发现这种说法是多么地荒谬:从

---

① 2012 年 5 月 6 日,社会党候选人奥朗德当选为法国总统。——译注

2012年7月到2014年4月,利率只下降了0.25个百分点(从2.28%降至2.03%),这还是欧洲央行决定不惜一切代价拯救欧元的结果。一味地减少赤字导致法国经济在2012年陷入新的衰退,大规模失业再次加剧,更讽刺的是,就连公共财政也每况愈下。

第二次,也是第二个神话——"有益的紧缩政策"(austérité bienfaisante)。它辜负了公民的信任,税收的增加导致家庭购买力在2012—2014年下降了3%。如果考虑2015年的小幅回升,家庭购买力下降了2.1%。

最后一次是"重生的竞争力"(compétitivité régénérative)。法国企业可以减负400亿欧元,而它们却利用这意外之财增加了利润空间,并未创造就业机会。

我们不妨看看,声称政府无能的神话是何等的混淆视听:其实,法国政府每次都能如愿地实行其经济政策。如果法国的情况最终能勉强改善,不是因为政府的经济政策取得了成效,而是因为经济政策终于不再施加负面影响。

法国在多数党和反对党反反复复的改革中踟蹰不前,终于轮到神话学的话语登台了,它更具超现实主义的色彩:要实行"大胆的改革",即如何强制实行法国人不愿意的改革。更准确地说:如何在21世纪初,从法国人的手中拯救法国。如果我们理解正确的话,这一巧妙的战略一边不停地贬低本国的制度,一边不厌其烦地吹捧外国的模式,有意让法国国民感到羞愧。在厌恶自己的同时艳羡他人,全世界非法国莫属。而法国的这一特点仅属精英阶层,他们质疑法国的制度,对法国的未来缺乏信心。但埋怨国民不是治世之道,让法国适应世界也非政治蓝图。我们还可以有更美好的憧憬吗?

答案是肯定的,但前提是依靠法国模式的两大支柱——社会团结和区域身份。新自由主义正在极力撼动这两个支柱:它质疑社会福利制度,推动区域的同质化。由此形成了一股社会排外的力量,它打造了一个抽象的、狭隘的国家共同体,捍卫着一种被执政党贬斥的社会模式。

如何让法国的社会团结在21世纪长盛不衰?首先应该减少医疗和教育的不平等。一个简单的指标可以说明法国的情况:由于社保和税收制度的高效运转,衡量收入不平等程度的基尼系数在近30年有回落的趋势。这在发达国家中实属罕见。但是,法国初次分配(缴纳社保和税收之前的收入,主要取决于个体的优劣势)不平等的程度高居经济合作与发展组织成员国之首。换句话说,如果要保护再分配制度,首先要改革初次分配的机制,以确保医疗和教育的不平等不仅无损,反而促进法国的社会团结。这项改革是重中之重,因为法国的出生率为欧洲之最,并且尤其关注公平问题。投身于人类平等发展的事业,不仅满足了法国人的集体偏好,还可减少不平等引起的社会成本。这是推翻新自由主义神话学的一种途径。

法国的区域多样性是一剂良药,它可以消除社会排外的毒性,治疗抽象而狭隘的"民族身份"病。今天,法国的各个区域已经自发地成为社会-生态转型的实验室,在那里,人们同心协力,耕耘着这片孕育无限可能的土地,与此同时,民主的蓝图重获新生。

本书试图通过揭穿谎言来驱逐神话,但这还不够,要让经济神话学的"魅惑"烟消云散,我们需要政治话语的回归(正如推翻理论的不是事实,而是另一个理论)。可惜在欧洲和法国,这样的回归引起了对"身份"问题的过度焦虑,这是贻害无穷的经济神话学带来的,确切地说,是经济神话学唤醒了更加危险的文化神话学。

因此,法国人只有远离经济神话学,维护社会团结,捍卫区域身份,才能找回和衷共济的愿景。

我们必须共同谱写新的篇章,秉承希腊神话学的精神,让理性和梦想平起平坐,相辅相成,赋予人类存在以意义。这是一个宏大而美丽的规划。

"轻与重"文丛（已出）

01 脆弱的幸福　　　　［法］茨维坦·托多罗夫 著　　孙伟红 译
02 启蒙的精神　　　　［法］茨维坦·托多罗夫 著　　马利红 译
03 日常生活颂歌　　　［法］茨维坦·托多罗夫 著　　曹丹红 译
04 爱的多重奏　　　　［法］阿兰·巴迪欧 著　　　　邓　刚 译
05 镜中的忧郁　　　　［瑞士］让·斯塔罗宾斯基 著　郭宏安 译
06 古罗马的性与权力　［法］保罗·韦纳 著　　　　　谢　强 译
07 梦想的权利　　　　［法］加斯东·巴什拉 著

　　　　　　　　　　　　　　　　　　杜小真　顾嘉琛 译
08 审美资本主义　　　［法］奥利维耶·阿苏利 著　　黄　琰 译
09 个体的颂歌　　　　［法］茨维坦·托多罗夫 著　　苗　馨 译
10 当爱冲昏头　　　　［德］H·柯依瑟尔　E·舒拉克 著

　　　　　　　　　　　　　　　　　　　　　张存华 译
11 简单的思想　　　　［法］热拉尔·马瑟 著　　　　黄　蓓 译
12 论移情问题　　　　［德］艾迪特·施泰因 著　　　张浩军 译
13 重返风景　　　　　［法］卡特琳·古特 著　　　　黄金菊 译
14 狄德罗与卢梭　　　［英］玛丽安·霍布森 著　　　胡振明 译
15 走向绝对　　　　　［法］茨维坦·托多罗夫 著　　朱　静 译

16 古希腊人是否相信他们的神话

　　　　　　　［法］保罗·韦纳 著　　　　　张 竝 译

17 图像的生与死　　［法］雷吉斯·德布雷 著

　　　　　　　　　　　　　　　　　　黄迅余　黄建华 译

18 自由的创造与理性的象征

　　　　　　　［瑞士］让·斯塔罗宾斯基 著

　　　　　　　　　　　　　　　　张 亘　夏 燕 译

19 伊西斯的面纱　　［法］皮埃尔·阿多 著　　张卜天 译

20 欲望的眩晕　　　［法］奥利维耶·普里奥尔 著　方尔平 译

21 谁，在我呼喊时　［法］克洛德·穆沙 著　　　李金佳 译

22 普鲁斯特的空间　［比利时］乔治·普莱 著　　张新木 译

23 存在的遗骸　　　［意大利］圣地亚哥·扎巴拉 著

　　　　　　　　　　　　吴闻仪　吴晓番　刘梁剑 译

24 艺术家的责任　　［法］让·克莱尔 著

　　　　　　　　　　　　　　　　　赵苓岑　曹丹红 译

25 僭越的感觉/欲望之书

　　　　　　　［法］白兰达·卡诺纳 著　　　袁筱一 译

26 极限体验与书写　［法］菲利浦·索莱尔斯 著　唐 珍 译

27 探求自由的古希腊　［法］雅克利娜·德·罗米伊 著

　　　　　　　　　　　　　　　　　　　　　张 竝 译

28 别忘记生活　　　［法］皮埃尔·阿多 著　　孙圣英 译

29 苏格拉底　　　　［德］君特·费格尔 著　　杨 光 译

30 沉默的言语　　　［法］雅克·朗西埃 著　　臧小佳 译

31 艺术为社会学带来什么

　　　　　　　　　　［法］娜塔莉·海因里希 著　　何 蒨 译

32 爱与公正　　　　　［法］保罗·利科 著　　　　韩 梅 译

33 濒危的文学　　　　［法］茨维坦·托多罗夫 著　　栾 栋 译

34 图像的肉身　　　　［法］莫罗·卡波内 著　　　曲晓蕊 译

35 什么是影响　　　　［法］弗朗索瓦·鲁斯唐 著　　陈 卉 译

36 与蒙田共度的夏天　［法］安托万·孔帕尼翁 著　刘常津 译

37 不确定性之痛　　　［德］阿克塞尔·霍耐特 著　王晓升 译

38 欲望几何学　　　　［法］勒内·基拉尔 著　　　罗 芃 译

39 共同的生活　　　　［法］茨维坦·托多罗夫 著　林泉喜 译

40 历史意识的维度　　［法］雷蒙·阿隆 著　　　　董子云 译

41 福柯看电影　　　　［法］马尼利耶 扎班扬 著　　谢 强 译

42 古希腊思想中的柔和

　　　　　　　　　　［法］雅克利娜·德·罗米伊 著　陈 元 译

43 哲学家的肚子　　　［法］米歇尔·翁弗雷 著　　林泉喜 译

44 历史之名　　　　　［法］雅克·朗西埃 著

　　　　　　　　　　　　　　　　　　　　魏德骥 杨淳娴 译

45 历史的天使　　　　［法］斯台凡·摩西 著　　　梁 展 译

46 福柯考　　　　　　［法］弗里德里克·格霍 著　何乏笔 等译

47 观察者的技术　　　［美］乔纳森·克拉里 著　　蔡佩君 译

48 神话的智慧　　　　［法］吕克·费希 著　　　　曹 明 译

49 隐匿的国度　　　　［法］伊夫·博纳富瓦 著　　杜 蘅 译

50 艺术的客体　　　　［英］玛丽安·霍布森 著　　胡振明 译

51 十八世纪的自由 [法]菲利浦·索莱尔斯 著

唐 珍 郭海婷 译

52 罗兰·巴特的三个悖论

[意]帕特里齐亚·隆巴多 著

田建国 刘 洁 译

53 什么是催眠 [法]弗朗索瓦·鲁斯唐 著

赵济鸿 孙 越 译

54 人如何书写历史 [法]保罗·韦纳 著 韩一宇 译

55 古希腊悲剧研究 [法]雅克利娜·德·罗米伊 著

高建红 译

56 未知的湖 [法]让-伊夫·塔迪耶 著 田庆生 译

57 我们必须给历史分期吗

[法]雅克·勒高夫 著 杨嘉彦 译

58 列维纳斯 [法]单士宏 著

姜丹丹 赵 鸣 张引弘 译

59 品味之战 [法]菲利普·索莱尔斯 著

赵济鸿 施程辉 张 帆 译

60 德加,舞蹈,素描 [法]保尔·瓦雷里 著

杨 洁 张 慧 译

61 倾听之眼 [法]保罗·克洛岱尔 著 周 皓 译

62 物化 [德]阿克塞尔·霍耐特 著 罗名珍 译

图书在版编目(CIP)数据

经济神话学 / (法)埃卢瓦·洛朗著;王晶,蔡德馨译.
—上海:华东师范大学出版社,2019
ISBN 978-7-5675-9098-4
Ⅰ.①经… Ⅱ.①埃…②王…③蔡… Ⅲ.①经济学—研究
Ⅳ.①F0
中国版本图书馆 CIP 数据核字(2019)第 067998 号

华东师范大学出版社六点分社
企划人 倪为国

轻与重文丛
经济神话学

主　　编　姜丹丹
著　　者　(法)埃卢瓦·洛朗
译　　者　王　晶　蔡德馨
责任编辑　倪为国　高建红
封面设计　姚　荣

出版发行　华东师范大学出版社
社　　址　上海市中山北路 3663 号　邮编　200062
网　　址　www.ecnupress.com.cn
电　　话　021-60821666　行政传真　021-62572105
客服电话　021-62865537
门市(邮购)电话　021-62869887
地　　址　上海市中山北路 3663 号华东师范大学校内先锋路口
网　　店　http://hdsdcbs.tmall.com/

印　刷　者　上海中华商务联合印刷有限公司
开　　本　787×1092　1/32
印　　张　4.75
字　　数　52 千字
版　　次　2019 年 7 月第 1 版
印　　次　2019 年 7 月第 1 次
书　　号　ISBN 978-7-5675-9098-4/F·425
定　　价　48.00 元
出 版 人　王　焰

(如发现本版图书有印订质量问题,请寄回本社客服中心调换或电话 021-62865537 联系)

Nos mythologies économiques by Éloi Laurent
© Éditions Les liens qui libèrent, 2016
«This edition published by arrangement with L'Autre Agence, Paris, France and Divas International, Paris 巴黎迪国际版权代理 All rights reserved. No part of this book may be reproduced or transmitted in any form or by any means, electronic or mechanical, including photocopying, recording or by any information storage and retrieval system, without permission in writing from the Proprietor.»

Nouvelles mythologies économiques by Éloi Laurent
© Éditions Les liens qui libèrent, 2016
«This edition published by arrangement with L'Autre Agence, Paris, France and Divas International, Paris 巴黎迪法国际版权代理 All rights reserved. No part of this book may be reproduced or transmitted in any form or by any means, electronic or mechanical, including photocopying, recording or by any information storage and retrieval system, without permission in writing from the Proprietor.»

Simplified Chinese Translation Copyright © 2019 by East China Normal University Press Ltd.
ALL RIGHTS RESERVED.
上海市版权局著作权合同登记　图字:09－2017－577号